참지 말고 원인을 알고 관리하자

스트레스 날리기

저자 | 이토 에미

루덴스미디어

펴내는 글

어린이 여러분, 안녕하세요? 저는 스트레스에 관해 연구하고, 또 스트레스로 고민하는 사람들에게 상담을 해 주는 사람입니다.

먼저 이 책에 관해서 간단하게 소개하고 여러분이 이 책을 어떻게 읽어 주셨으면 하는지를 설명할게요. 여러분은 스트레스가 뭐라고 생각하나요? '이런 게 스트레스구나!'라고 느낀 적이 있나요? 이 책에는 스트레스에 능숙하게 대처하기 위한 45가지 방법이 소개되어 있습니다. 우선 왼쪽 페이지에 그 방법을 설명하고, 오른쪽 페이지에는 그것을 연습할 수 있도록 연습 문제를 담았습니다. 1번부터 45번까지 순서대로 해 나가는 편이 효과적이기 때문에 되도록 1장의 '스트레스에 대해 이해'부터 시작해 주세요.

왼쪽 페이지의 해설을 읽을 때는 되도록 소리 내서 읽어 주세요. 그럼 훨씬 이해하기 쉬워져요. 친구나 가족과 함께 읽어도 좋아요. 선생님이나 부모님과 함께 시작하는 경우라면 어른이 해설을 읽어 주는 방법도 좋아요. 어른과 함께라면 모르는 단어를 질문할 수도 있겠네요. 내용을 보다 이해하기 쉽도록 일러스트도 그려 두었습니다.

해설을 읽고 난 뒤에는 오른쪽의 연습 문제를 풀어 보세요. 사실 이 책에서 가장 중요한 부분이 바로 연습 문제입니다. 연습 문제를 풀어 봄으로써 '아, 그래서 그런 거구나!' 하고 스트레스에 대해 더 잘 이해하게 되거든요.

연습 문제를 풀어 가면서 여러분도 스트레스로부터 '자신을 지킨다'는 것에 익숙해질 거예요. 이 책에서는 그것을 「자신을 지키는 법」이라고 부르고 있습니다. 반복해서 연습할수록 자신을 지키는 법도 능숙해집니다. 마치 축구에서 드리블을 연습하거나 피아노를 배울 때처럼요.

여러분이 이 책에 실린 연습 문제를 반복해서 풀어 보고 자신을 지키는 법에 능숙해져서 건강한 어른으로 성장해 주기를 진심으로 바랍니다.

이토 에미

함께 보는 보호자·선생님께

저는 오랫동안 카운슬러로 일하면서 주로 마음의 고민을 갖고 있는 성인을 상대로 상담을 해 왔습니다. 그들을 볼 때마다 '고민이 이렇게 크고 복잡해지기 전에 상담을 받았으면 좋았을 텐데…….' 하는 생각에 안타까워집니다. 상담을 통해 그분들이 스스로를 돕는 방법을 배우고 그것을 생활 속에서 실천해 갈 수 있도록 하는 것이 제 역할입니다. 그런데 저를 찾아오는 사람들은 '스스로를 돕는 방법'이 서툴거나 애초에 자신을 돕겠다는 생각 자체가 없습니다. 그래서 저는 그분들이 스스로를 잘 지켜 내고, 고민의 늪에 빠지지 않기 위한 방법들을 상담해 드립니다. 이러한 방법은 한번 익히게 되면 누구라도 '자신을 지키는 법'에 익숙해져서 건강하고 활기찬 생활을 할 수 있게 됩니다.

또한 저는 여러 회사나 학교에 가서 그곳에서 일하는 분들에게 '자신을 지키는 법'의 소중함과 그 방법에 대해 강의합니다. 강단에 서서 보면 여러 부류의 사람들이 있습니다. 몸도 마음도 건강해 보이는 사람, 좀 피곤해 보이는 사람, 스트레스가 많이 쌓여서 무척 힘들어 보이는 사람 등등. 그분들을 보면서 저는 매번 예방의 중요함을 생각하게 됩니다. 상담을 받을 만큼 상황이 나빠지기 전에 스스로를 지키는 방법을 알고 숙달한다면, 건강한 사람은 더욱 건강해질 테고 그렇지 않은 분도 어떻게든 잘 극복할 수 있을 테니까요.
더불어 '자신을 지키는 법을 성인이 되기 전에 배워 두면 더욱 좋지 않을까?'라는 생각도 하게 됩니다. 어릴 적에 자신을 지키는 방법을 숙달한다면 이후의 긴 인생을 살아갈 때 아주 큰 도움이 될 것이 분명하니까요.

그런데 이번에 어린이를 대상으로 해서 스트레스를 관리하는 방법을 소개하는 귀한 기회를 얻게 되었습니다. 이 책은 스트레스와 관련해서 연습 문제를 풀어 보는 것만으로도 스트레스 관리 기술을 자연스럽게 익힐 수 있도록 구성되어 있습니다. 이 책에서 소개하는 스트레스에 대한 생각과 관리 방법은 '인지 행동 요법'이라고 불리는 심리학적 접근에 기초를 두고 있습니다. 인지 행동 요법은 의학적으로도 성인과 아동의 우울증 예방과 스트레스 관리에 매우 효과가 있다고 증명되었습니다. 하지만 이 책에서는 인지 행동 요법과 관련된 전문 용어를 일체 사용하지 않았습니다. 어린이들이 부담감을 갖지 않고 쉽게 이해할 수 있도록 하기 위해서입니다.
가능하면 아이와 이 책을 보기 전에 어른이 먼저 읽고 연습 문제를 풀어 보셨으면 좋겠습니다. 45가지 연습 문제를 통해 그것을 몸에 익혀서 스스로를 지키는 방법이나 스트레스 관리법을 숙지하는 것, 즉 인지 행동 요법 효과를 머리와 몸과 마음으로 공감해 주셨으면 합니다. 그런 다음에 어린이가 재미있게 연습 문제를 풀 수 있도록 옆에서 도와주시기를 부탁드립니다.

인지 행동 요법은 지속적인 행동으로 이어져야 효과가 있습니다. '마음 운동'과 같은 겁니다. 근육 운동이 지속적인 트레이닝이 있어야 효과가 있는 것처럼, 매일 조금씩이라도 좋으니 이 책의 연습 문제를 생활 속에 적용하다 보면 차츰 효과를 느끼게 될 것입니다.
한 번에 많은 것을 실행할 필요는 없습니다. 인지 행동 요법에는 '스몰 스텝(어떤 일도 조금씩)'이라는 원칙이 있습니다. 이 원칙에 따라 아이와 함께 연습 문제를 풀어 보고, 그것을 생활 속에 적용하고 반복해서 정착시켜 주세요. 스몰 스텝으로 진행했을 때, 이 책을 끝내기까지 1년 이상의 시간이 걸릴 수도 있습니다. 하지만 그것은 전혀 문제가 되지 않습니다. 진도를 나가는 것보다 시간을 들여서 꾸준하게 실행하는 편이 훨씬 더 효과가 있기 때문입니다. 그렇게 해 나가는 동안 아이의 스트레스 관리 능력은 향상될 것입니다.
이 책이 우리 아이들은 물론이고 부모님의 스트레스 관리 능력을 향상시키는 데도 도움이 될 거라고 기대합니다.

이토 에미

차례

펴내는 글
함께 보는 보호자·선생님께

제1장　스트레스가 뭐지?
 스트레스에 대해 이해해요……8
 스트레스를 잘 관리합시다……10

제2장　스트레스의 원인을 알아내자
 스트레스 원인에 대해 이해해요……12
 스트레스 원인을 바로 깨달아요……14
 스트레스 원인을 적고 다른 사람과 이야기해요……16

제3장　스트레스 반응을 살펴보자
 스트레스 반응에 대해 이해해요……18
 머릿속에 떠오르는 스트레스 반응……20
 스트레스는 감정으로 표현돼요……22
 우리 몸도 스트레스에 반응해요……24
 스트레스를 받았을 때 하는 행동들……26
⑪ 스트레스 반응을 바로 깨달아요……28
⑫ 나를 판단하지 말고 내려놓으세요……30
⑬ 스트레스 반응을 적고 다른 사람과 이야기해요……32

제4장　도와주는 사람과 물건을 늘리자
 도움의 필요성을 인정해요……34
⑮ 나를 도와주는 사람을 떠올리세요……36
⑯ 도와주는 사람과 물건을 상상해요……38

제5장　스트레스 대처란
 스트레스 대처에 대해 이해해요……40
 스트레스 대처 방법을 되짚어 봐요……42
⑲ 나만의 스트레스 해결 방법은 무엇인가요?……44

제6장　생각과 상상으로 하는 대처 방법을 늘려 가자
 생각과 상상으로 대처해요……46

21	머릿속으로 나를 위로해요……48
22	머릿속으로 나를 격려해요……50
23	머릿속으로 나를 칭찬해요……52
24	행복했던 추억을 떠올려요……54
25	내일을 꿈꿔요……56
26	상상력의 힘……58

제7장 행동과 몸으로 하는 대처 방법을 늘려 가자

27	행동과 몸으로 대처해요……60
28	내 스트레스의 원인과 반응을 기록해요……62
29	아이디어를 쏟아 내요……64
30	도와 달라고 말하는 것을 망설이지 마세요……66
31	좋아하는 일이나 취미를 즐겨요……68
32	복식 호흡을 익혀요……70
33	음식을 즐겨요……72
34	인형과 대화해요……74
35	종이 찢기 놀이……76
36	그림 그리기·색칠하기·만들기……78
37	여러 가지 냄새를 맡아 봐요……80
38	손으로 촉감을 느껴요……82
39	담요를 뒤집어써요……84
40	음악으로 치유해요……86
41	슬플 때 울고 기쁠 때 웃어요……88

제8장 대처 방법에 대해 다른 사람과 이야기해 보자

| 42 | 나의 대처 방법을 다른 사람과 이야기해요……90 |
| 43 | 다른 사람의 대처 방법을 들어요……92 |

제9장 스트레스를 잘 관리하자

| 44 | 스트레스 관리를 마무리하며……94 |
| 45 | 지금부터 스트레스를 잘 관리하기로 약속해요……96 |

마치는 글
각 장의 과제와 목적
부록

 스트레스에 대해 이해해요

'스트레스'라는 말 많이 들어 봤지요? 사실 스트레스처럼 많이 쓰이는 영어 단어도 흔치 않을 것입니다. 그런데 여러분은 스트레스에 대해 얼마나 알고 있나요?

이 책의 목적은 스트레스에 대해 이해를 도와서, 우리가 생활하면서 겪게 되는 크고 작은 스트레스를 잘 관리하도록 하는 데 있습니다.

스트레스를 한마디로 정의하면 우리가 살아가는 동안에 여러 곳에서 건네받은 '짐'이라고 할 수 있습니다.

만약 건네받은 그 짐이 가볍다면 거뜬히 옮길 수 있습니다. 하지만 내가 들기에 버겁다면 그 짐을 짊어지고 있는 시간은 내내 힘들고 괴로울 수밖에 없습니다. 또 그것이 아무리 가벼운 짐이더라도 계속해서 건네받아 쌓이게 된다면, 어느 순간 감당하기 힘든 큰 짐으로 느껴질 것입니다. 이미 양손 가득 짐을 들고 있는데 또 다른 짐을 건네받는다면 상황은 더 나빠질 테고요. 우선 스트레스를 들고 있는 짐이라고 상상해 보세요.

 ## 스트레스를 건네받은 짐이라고 상상해요

연습한 날				
/	/	/	/	/

① 빈손으로 서 있는데 누군가 작은 짐을 툭 건네줬어요. 어떤 기분일까요?

② 한 손에 커다란 봉지를 들고 있는데, 누가 그 안에 작은 짐을 쏙 집어넣었어요. 어떤 기분일까요?

③ 무거운 걸로 꽉 찬 커다란 배낭을 메고 있는데, 양손에 크고 무거운 짐을 건네받았어요. 어떤 기분일까요?

④ 양손에 잔뜩 짐을 들고 있는데, 누가 털썩 큰 짐을 떠안겼어요. 어떤 기분일까요?

스트레스가 '건네받은 짐'이라고 해도 상황에 따라 기분이 다르죠?

2 스트레스를 잘 관리합시다

빈손으로 있다가 작고 가벼운 짐을 들 때를 생각해 보세요. 전혀 무겁지도 힘들지도 않아서 계속해서 들고 있을 수 있습니다. 그런데 갑자기 아주 크고 무거운 짐이 쿵! 하고 올려진다면 어떨까요? 또 어깨에 짐이 잔뜩 들어 있는 무거운 배낭을 메고 있는데, 다시 무거운 짐이 실린다면 어떨까요? 그 많은 짐을 들고 계속해서 있기란 불가능할 거예요.

설령 작고 가벼운 짐이라도 계속 건네받게 된다면, 짐의 무게를 견딜 수 없게 되는 때는 반드시 올 거예요.

스트레스도 그와 마찬가지입니다. 작은 스트레스라면 괜찮지만 그것이 커지거나 쌓이게 된다면 스트레스의 무게를 감당할 수 없게 됩니다. **중요한 것은 작은 짐(스트레스) 상태일 때 대응하는 거예요. 큰 짐을 여러 개로 나눠서 들 수 있는 만큼만 드는 거예요.** 그리고 남은 것에 대해서는 거절하거나, 다른 사람에게 도와 달라고 하는 거예요. 그것이 스트레스를 잘 관리하는 비법입니다.

 **짐을 가볍게 하려면 어떻게 해야 할까요?**

연습한 날				
/	/	/	/	/

상황	내가 생각한 방법
① 크고 작은 10개 정도의 짐을 양손에 들고 힘들어할 때(주위에 아무도 없음).	
② 크고 작은 10개 정도의 짐을 양손에 들고 힘들어할 때(주위에 누군가 있음).	
③ 더 이상 짐을 들 수도 없는데도 누군가 짐을 맡기려고 할 때.	
④ '오늘은 너무 힘들어서 단 한 개도 들고 싶지 않아.'라고 생각하는데 누군가 "이것 좀 들어 줄래?"라며 부탁할 때.	
⑤ 무거운 배낭을 메고 힘들게 걷고 있는데, 우연히 커다란 짐을 두 개나 맡게 됐을 때. 그리고 그 옆을 누군가 지나갈 때.	

3 스트레스 원인에 대해 이해해요

스트레스는 '스트레스 원인'과 '스트레스 반응' 두 가지로 나누어 생각할 수 있습니다.

스트레스를 '건네받은 짐'이라 한다면 스트레스 원인은 짐 자체입니다. 그 짐은 큰 것, 작은 것, 무거운 것, 가벼운 것, 들기 편한 것, 들기 불편한 것…… 등등 여러 가지가 있습니다. **다시 말해 스트레스 원인은 갑자기 맞게 되는 다양한 자극이라고 할 수 있습니다.**

우리는 살아가는 동안 뜻하지 않게 여러 가지 자극을 받습니다. 예를 들면 '덥다, 춥다, 비가 내렸다, 불이 꺼졌다, 숙제가 있다, 친구에게 무시당했다, 모르는 사람이 말을 걸었다, 지진이 일어났다, 지하철이 멈췄다, 신호등이 빨간색으로 바뀌었다, 엄마에게 잔소리를 들었다, 배가 고프다, 화장실에 가고 싶다…… 등등. 그럼 뭐든지 스트레스의 원인이겠네!'라고 생각하나요? 맞습니다. 아침에 일어나서 잠들 때까지 우리에게는 스트레스 원인이 비처럼 쏟아지니까요.

 **무엇이 짐이 되었는지 떠올려 보세요**

연습한 날				
/	/	/	/	/

① 여러 가지 '짐'을 상상해 보고 그것을 빈칸에 적어 보세요.
그림이나 사진으로 표현해도 좋아요.

② 스트레스 원인이 되는 짐들은 갑자기 들이닥칩니다. 오늘 하루 내가 받은 스트레스 원인 3가지를 적어 보세요.

❶
❷
❸

어땠어요?

스트레스 원인이 꼭 나쁜 것만 있는 건 아니에요. 칭찬도 때로는 '자극'이 되니까 스트레스가 될 수 있어요.

제2장 스트레스의 원인을 알아내자

4 스트레스 원인을 바로 깨달아요

스트레스 원인은 대부분 '싫은 자극'이거나 '부담이 되는 자극'인 경우가 많습니다. 그런데 '선생님께 칭찬을 받았다'거나 '돈을 주웠을 때'처럼 기쁘거나 그다지 싫지 않은 자극들도 모두 스트레스 원인이 됩니다.
결국 우리는 살아가는 동안 끊임없이 다양한 스트레스를 받을 수밖에 없습니다.
중요한 것은 스트레스 원인을 되도록 빨리 깨닫는 것입니다. 뒤늦게서야 '아, 그게 내 스트레스 원인이었구나!'라고 떠올릴 게 아니라, 지금 내가 받는 스트레스의 원인이 무엇인지 알아내야 합니다. 바로 알아차릴 수 있다면 그 원인에 대처하기도 쉬워지니까요.
짐이 너무 무겁다는 것을 알았다면, 짐을 줄이든지 다른 사람에게 도와 달라고 할 수 있습니다.
그러니 '지금 나는 무엇 때문에 스트레스를 받고 있지?' 하고 자신에게 물어보는 습관을 들이세요.

 **내 스트레스의 원인을 찾아내자!**

연습한 날				
/	/	/	/	/

① '지금 나에게는 어떤 스트레스가 있지?' 하고 자신에게 물어보세요. 그리고 생각난 것을 다음 빈칸에 적어 보세요.

② 평소에도 항상 '지금 나에게는 무엇이 스트레스가 되고 있지?'라고 자신에게 물어보세요.

- 방 안이 더워
- 엄마가 감기에 걸려서 누워 있어
- 고양이가 놀자네
- 배고파
- 옆집 아이가 장난치네
- 엄마 아빠가 싸우고 있어
- 용돈이 얼마 안 남았어
- 내가 좋아하는 아이가 보인다
- 비가 내려서 밖에서 못 놀겠네
- 형이 괴롭혀
- 교실 안이 너무 더워
- 수학은 너무 어려워
- 싫어하는 애가 보이네
- 입고 있는 바지가 꽉 껴

제2장 스트레스의 원인을 알아내자 15

5 스트레스 원인을 적고 다른 사람과 이야기해요

스트레스 원인을 알았다면, 그것을 종이에 적거나 다른 사람에게 이야기해 보세요. 이렇게 어떤 문제를 글로 적거나 소리 내서 누군가에게 이야기하는 것을 심리학에서는 '외재화(바깥으로 꺼내는 것.)'라고 합니다. 실제로 스트레스 원인을 밖으로 노출시키는 것만으로도 '스트레스(짐)'가 한결 가벼워지는 효과가 있다는 사실이 심리학 연구에서 밝혀졌습니다.

가장 중요한 것은 스트레스 원인을 알아내는 것입니다. 알아내지 못하면 밖으로 꺼낼 수도 없으니까요. **다음으로 중요한 것은 그것을 종이에 적거나, 소리 내서 누군가와 이야기하여 밖으로 꺼내는 것입니다.**

사람은 누구나 날마다 다양한 스트레스와 맞닥뜨립니다. 바꿔 말하면 누구나 날마다 밖으로 꺼내서 이야기할 거리가 몇 개씩은 있다는 뜻이죠. 매일 조금씩이라도 시간을 들여서 그날 겪었던 스트레스를 글로 적거나, 누군가에게 내가 겪는 스트레스의 원인에 대해 이야기해 보세요.

 **스트레스 원인을 쓰고 말해 보세요**

연습한 날				
/	/	/	/	/

① 1주일 동안 내가 겪은 스트레스의 원인은 무엇이었나요? 또 지금은 어떤 스트레스를 받고 있나요? 아래 빈칸에 적어 보세요.

```
_____
_____
_____
_____
_____
```

② 내 스트레스의 원인을 누군가에게 털어놔 보세요. 이때 '지금 나는 이런저런 스트레스가 있어.'라고 시작하세요. 듣는 사람은 이야기를 끊지 말고 '음~, 그렇구나.' '그렇게 된 거였구나.'라고 호응하며 들어 주세요.

제2장 스트레스의 원인을 알아내자 17

6 스트레스 반응에 대해 이해해요

앞에서 스트레스는 '스트레스 원인'과 '스트레스 반응' 두 가지로 나누어 생각할 수 있다고 했지요? (12쪽을 보세요.) 이번에는 스트레스 반응에 대해서 살펴보기로 해요.

스트레스 반응은 짐(스트레스 원인)을 건네받은 사람에게 나타나는 다양한 반응입니다. 예를 들어 짐을 받게 되어 기뻤는지 아니면 속상했는지, '이 정도 짐이라면 괜찮아.'라고 생각했는지 아니면 '이렇게 무거운 짐은 못 들어.'라고 생각했는지, 또 가벼운 짐이라서 편했다든지, 아니면 너무 무거워서 팔에 힘이 없다든지, 혼자서 짐을 들 수 있었다는 사실이 기뻤다든지, 짐을 들고 와서 걸음걸이가 느려졌다든지, 깜빡 짐을 두고 왔다든지, 누군가에게 '이것 좀 들어 줘.'라며 떠넘겼다든지…… 등등. 건네받은 짐이 여러 가지이니까 짐을 받은 사람의 반응도 여러 가지로 나타나게 마련입니다.

<u>아래 그림과 같이 스트레스에 따라 나타나는 여러 가지 반응을 '스트레스 반응'이라고 합니다.</u>

 **짐을 받았을 때 내 반응을 상상해 보세요**

연습한 날				
/	/	/	/	/

상황	나의 반응
① 귀엽게 (또는 멋있게) 포장된 것을 '선물이야'라며 건네받았을 때.	
② 모르는 사람이 '5분만 이 가방 좀 들어 줄래?'라며 작은 짐을 맡겼을 때.	
③ 배낭을 메고 있는데, 친구가 '잠깐만 이거 좀 맡아 줘.'라며 가벼운 짐을 집어넣었을 때.	
④ 배낭을 메고 있는데, 친구가 '잠깐만 이거 좀 맡아 줘.'라며 10킬로나 되는 쇳덩이를 집어넣었을 때.	
⑤ 험상궂게 생긴 어른이 다짜고짜 무서운 목소리로 '이거 들고 있어!'라며 짐을 떠맡겼을 때.	
⑥ 천사가 작은 상자를 건네주며 '이걸 드릴게요. 하지만 어른이 될 때까지 절대 열어 보면 안 돼요.'라고 했을 때.	

7 머릿속에 떠오르는 스트레스 반응

스트레스 반응은 다양하게 나타나는데, 크게 다음 4가지로 분류할 수 있습니다.
① 「머릿속에 떠오르는 스트레스 반응」
② 「감정으로 표현되는 스트레스 반응」
③ 「신체에서 나타나는 스트레스 반응」
④ 「행동으로 드러나는 스트레스 반응」
스트레스뿐만 아니라 사람의 모든 반응은 이 4가지로 나타난다고 할 수 있습니다.

① 「머릿속에 떠오르는 스트레스 반응」

스트레스 원인이 발생하면 우리의 머릿속에서는 여러 가지 생각과 상상이 떠오르게 됩니다.
그 생각과 상상은 강하게 나타날 때도 있지만, 희미하게 떠오를 때도 있어요.

 **나는 스트레스에 어떻게 반응할까요?** [머릿속]

연습한 날				
/	/	/	/	/

① **(나에게 발생한 스트레스)**
친구가 약속 시간이 지났는데도 오지 않을 때 어떤 생각이 드나요? 빈칸에 적어 보세요.

② **(나에게 발생한 스트레스)**
짝꿍이 숙제를 해 오지 않아서 선생님께 크게 혼나고 있어요. 어떤 생각이 들까요? 빈칸에 적어 보세요.

8 스트레스는 감정으로 표현돼요

②「감정으로 표현되는 스트레스 반응」

느낌이나 기분은 어떤 일이나 대상에 대해서 머리가 아닌, 마음에서 일어나는 '감정'들입니다.

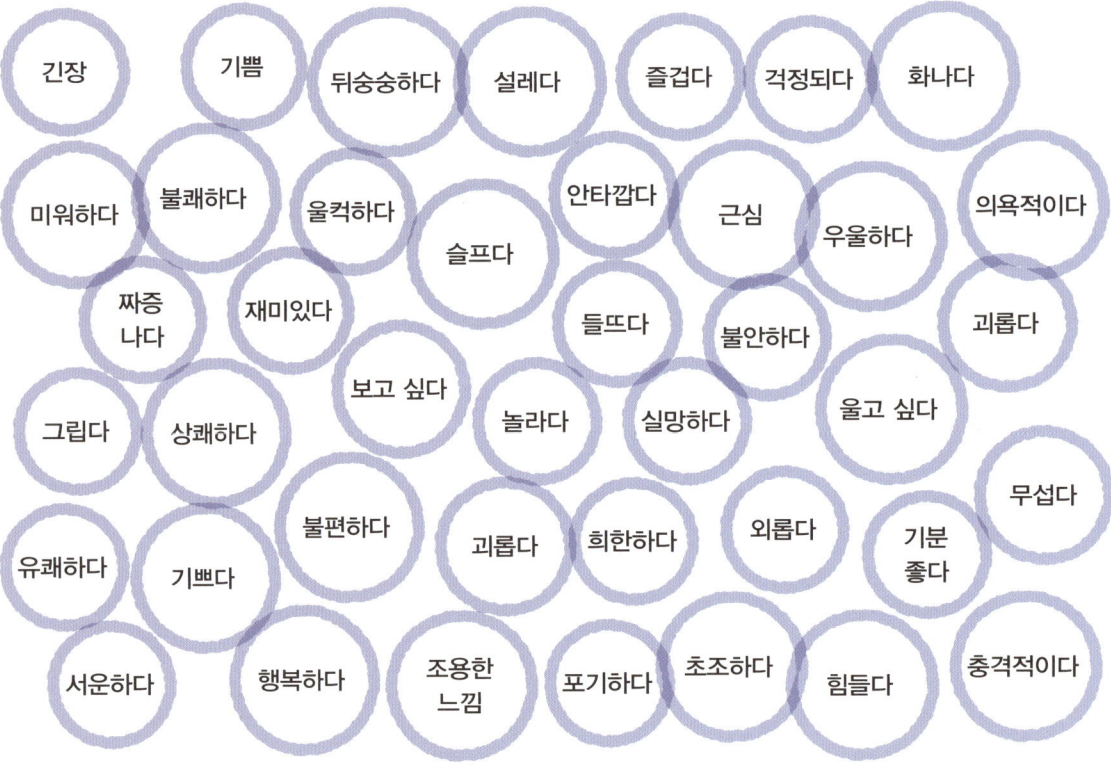

이처럼 우리가 느끼는 감정에는 긍정적인 것(좋은 느낌이나 기분)도 있지만, 부정적인 것(나쁜 느낌이나 기분)도 있고, 어느 쪽도 아닐 때도 있습니다. **우리는 순간순간 다양한 감정을 느끼며 살아갑니다.** 그런데 스트레스 반응으로 생기는 감정들은 아무래도 부정적일 때가 많습니다.

 **나는 스트레스에 어떻게 반응할까요?** [감정]

연습한 날				
/	/	/	/	/

내 스트레스의 원인	어떤 감정이 들까?
① 계산대에서 줄을 섰는데 새치기 당했다.	
② 아침에 일어났더니 이미 등교 시간이 지나 있었다.	
③ 생일날 꼭 갖고 싶었던 게임기를 선물 받았다.	
④ 생일인데 선물은커녕 '축하한다!'는 말도 못 들었다.	
⑤ 친구들에게 따돌림 당했다.	
⑥ 친구가 나에게 다른 친구를 흉봤다.	
⑦ 내일 병원에 가서 독감 예방 주사를 맞아야 한다.	
⑧ 아빠 엄마가 나 때문에 말다툼을 하고 계신다.	

9 우리 몸도 스트레스에 반응해요

③ 「신체에서 나타나는 스트레스 반응」

스트레스는 우리 몸에도 영향을 미칩니다. 그래서 스트레스를 받으면 감정뿐만 아니라, 우리 몸에도 다양한 반응이 나타납니다.

- 잠이 안 온다
- 눈을 깜박인다
- 살이 빠졌다
- 식은땀이 난다
- 열이 난다
- 손발이 떨린다
- 콧물이 나온다
- 머리가 멍하다
- 열이 난다
- 입맛이 없다
- 오줌이 마렵다
- 가스가 찬다
- 배가 고프다
- 재채기가 나온다
- 이가 아프다
- 피부가 거칠다
- 침이 나온다
- 가슴이 두근거린다
- 머리가 아프다
- 머리가 가렵다
- 배가 아프다
- 어지럽다
- 귀에서 이상한 소리가 들린다
- 하품이 나온다
- 졸리다
- 변비가 생겼다
- 허리가 아프다
- 방귀가 나온다
- 토할 것 같다
- 살이 쪘다
- 소름이 돋는다
- 어깨가 뻐근하다
- 겨드랑이 땀이 난다
- 기침이 나온다
- 이가 떨린다
- 다리에 힘이 풀린다

이처럼 스트레스를 받았을 때 우리 몸의 반응은, 감정과 마찬가지로 주로 부정적인 것이 많이 나타납니다.

 ## 나는 스트레스에 어떻게 반응할까요? [신체]

연습한 날				
/	/	/	/	/

내가 받은 스트레스	몸에서 나타나는 반응은?
① 아침밥을 못 먹고 학교에 갔는데, 오전 11시가 지났다.	
② 어제 잠을 잘 못 잔 상태로 학교에 갔는데, 3교시 수업이 지루하다.	
③ 추운 날이었는데 외투 입는 걸 깜빡 잊고 나갔다.	
④ 동생에게 감기가 옮았다.	
⑤ 30도가 넘는 찜통 더위에 심부름을 갔다.	
⑥ 모기에게 팔을 물렸다.	
⑦ 쉬는 시간에 화장실을 못 다녀와서 수업 시간에 참기 힘들다.	

스트레스를 받았을 때 하는 행동들

④ 「행동으로 드러나는 스트레스 반응」

행동은 다른 사람이 봐서 알 수 있는 그 사람의 동작이나 몸짓입니다. 우리들은 매일 다양하게 행동합니다.

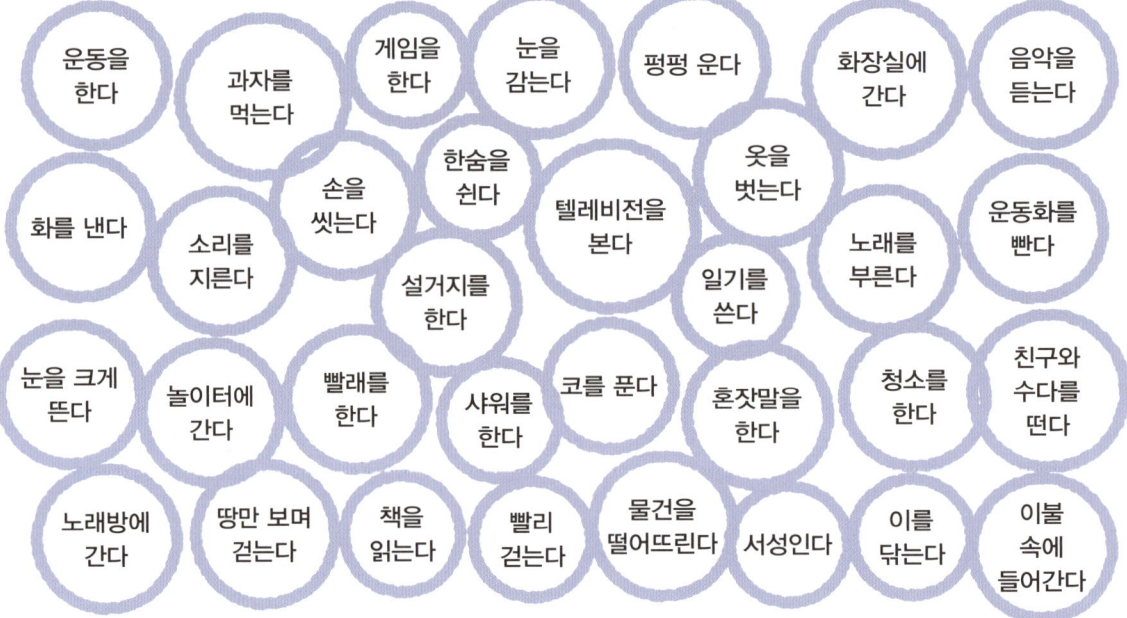

스트레스를 받았을 때 나는 어떻게 행동하는지 생각해 보세요. 예를 들어 볼까요? '친구에게 말을 걸었는데 아무 대꾸도 하지 않습니다.' 이것이 스트레스 원인이 되었을 때 나는 어떻게 행동하나요? 그 대답은 사람에 따라 다릅니다. '다시 말을 걸어 보겠다.'는 사람도 있을 테고, '나 무시하지 마!'라며 화를 낸다는 사람도 있을 겁니다. 또 '실망해서 고개를 푹 숙이고 그 자리를 피하겠다.'는 사람도 있을 테고, 화가 나서 다른 친구에게 '쟤 정말 짜증 나!'라며 흉을 본다는 사람도 있을 거예요.

이렇게 같은 스트레스를 받더라도 사람이나 그 사람이 처한 상황에 따라서 행동은 다양하게 나타납니다.

나는 스트레스에 어떻게 반응할까요? [행동]

연습한 날				
/	/	/	/	/

나에게 던져진 스트레스	나는 어떻게 행동할까?
① 지진이 나서 교실이 흔들리기 시작했다.	
② 화장실에서 볼일을 봤는데, 휴지가 없다!	
③ 모르는 사람이 '사탕 먹을래?' 하며 사탕을 줬다.	
④ 친구가 나에게 다른 친구의 흉을 봤다.	
⑤ 친구가 나에게 '쟤는 그냥 무시해도 돼!'라고 했다.	
⑥ 엄마가 '공부 열심히 안 하면 용돈 줄일 거야.'라고 하셨다.	
⑦ 기르던 강아지가 하늘나라로 떠났다.	
⑧ 최악의 시험 점수를 받았다.	

11 스트레스 반응을 바로 깨달아요

①「머릿속에 떠오르는 스트레스 반응」②「감정으로 표현되는 스트레스 반응」 ③「신체에서 나타나는 스트레스 반응」④「행동으로 드러나는 스트레스 반응」에 대해 이제 모두 이해했지요? 그런데 이 반응들은 각각 따로 일어나는 것이 아니라, 4가지가 동시에 혹은 연속적으로 일어납니다. 예를 들어 볼게요. '늦잠을 자 버렸다.'는 스트레스에 대해서 머릿속에서는 가장 먼저 '큰일 났다! 지각이야! 아침밥도 못 먹겠네.'라는 생각이 들고 '초조하다, 허둥댄다.'는 감정도 생깁니다. 그리고 '머리에 피가 몰리는 것 같다. 가슴이 두근거린다.' 같은 신체 반응이 나타나고 '서둘러서 옷을 갈아입고 집을 나섰다.'라는 행동을 취하게 되지요.

'너무 슬픈 소식을 들었을 때'를 생각해 보세요. '그런 얘기는 듣고 싶지 않아.'라고 생각했다가 '슬프다, 괴롭다.'는 감정에 휩싸이고, '온몸의 힘이 다 빠졌다. 얼굴이 새파래졌다.'는 신체 반응도 나타납니다. 그리고 '엉엉 울었다.'라는 행동을 취하게 되지요.

이렇게 4가지 요소는 서로 연관되어 있습니다. 따라서 나의 스트레스 반응을 전체적으로 살펴보며, 되도록 빨리 깨닫는 것이 스트레스 관리에 도움이 됩니다.

 **나는 스트레스에 어떻게 반응할까요?** [전체]

연습한 날				
/	/	/	/	/

아래와 같은 스트레스를 받았을 때 나는 어떤 반응을 보일까요? ①「머릿속에 떠오르는 생각」②「기분이나 감정」③「몸에서 나타나는 반응」④「행동」이 서로 연관되어 있다는 것을 의식하면서 전체적으로 상상해 보세요.

① 길을 걷고 있는데 자동차가 물웅덩이를 밟고 지나가서 물벼락을 맞았다.

② 길을 가는데 모르는 사람이 나를 보고 '허허 참!' 하고 혀를 찼다.

③ 기다리던 소풍날 아침인데 비가 왔다.

④ 준비물을 두고 와 친구들이 보는 앞에서 선생님께 꾸중을 들었다.

⑤ 시험을 잘 못 봤는데, 부모님이 성적표를 보여 달라고 하셨다.

나의 스트레스 반응

- 머릿속에 떠오르는 생각
- 기분과 감정
- 몸의 반응
- 행동

제3장 스트레스 반응을 살펴보자

12 나를 판단하지 말고 내려놓으세요

최근 심리 치료에서는 '마음 챙김'이라는 것이 주목받고 있습니다. '마음 챙김(mindfulness)'은 명상 방법의 하나인데, 스트레스를 줄이는 데도 크게 도움이 됩니다.

마음 챙김은 어떤 판단도 하지 않고 순수하게 나를 '바라보기'만 하는 것입니다. **한마디로 '나를 내려놓는 연습'입니다. 나의 모든 생각, 감정, 행동에 대해서 좋다, 나쁘다는 판단을 전혀 하지 않고 철저하게 '나를 관찰하기만 하는 것'입니다.** 그리고 '아, 그렇구나. 그러네. 그랬구나.' 하고 나를 있는 그대로 받아들이는 것입니다. 이렇게 나와 나의 모든 경험을 편견 없이 바라보는 과정을 통해서 걱정이나 욕구, 집착에서 벗어나게 되어 스트레스를 완화하게 됩니다.

물론 그것이 말처럼 쉬운 것만은 아니에요. 스트레스로 인한 감정이나 행동은 대체로 부정적인 것이 많아서 스스로 잘잘못을 판단하는 경향이 많거든요. 그래도 자꾸만 나를 평가하려고 하지 말고 '흠~, 지금은 슬프구나.' '지금은 화가 났네.' 하고 나를 그대로 받아들여 보세요.

 **나를 있는 그대로 받아들이는 연습을 해요**

연습한 날				
/	/	/	/	/

스트레스 반응에 대해 어떤 판단도 하지 않고 받아들여 보세요.

① 지금 머릿속에 어떤 생각이 떠오르지?
 '아, 그런 상상을 했구나.' '그랬구나!' '음~, 지금 그게 생각났구나.' 하고 내 머릿속에 떠오른 생각을 그대로 받아들이세요.

② 지금 내 기분은 어때?
 '아, 지금 울컥했구나!' '어? 지금은 실망했네.' '그렇구나.' '음~, 점점 화가 치솟고 있네!' 이렇게 내가 지금 느끼는 감정을 들여다보세요.

③ 지금 내 몸에는 어떤 변화가 있지?
 '아~, 목마르다.' '가슴이 콩닥콩닥 뛰고 있어.' '쉬 마려워!' 이런 몸의 반응도 자연스럽게 받아들여요. 물론 소변은 오래 참지 마세요.

④ 지금 나는 뭘 하고 있지?
 '아, 지금 나는 걷고 있구나.' '후~, 숨을 쉬고 있네.' '음, 음식을 꼭꼭 씹고 있어.' '지금은 욕실에 들어가려고 옷을 벗고 있어.' 이렇게 내 행동을 지켜보고 받아들이세요.

제3장 스트레스 반응을 살펴보자

13 스트레스 반응을 적고 다른 사람과 이야기해요

스트레스에 대한 반응도 스트레스 원인과 마찬가지로 종이에 적거나 다른 사람과 함께 이야기해 보세요. 앞에서 이것을 '외재화(밖으로 꺼내는 것.)'라고 했지요? (16쪽을 보세요.) **스트레스 원인을 밖으로 노출시킴으로써 그 짐이 가벼워지는 것처럼, 우리가 겪는 다양한 스트레스 반응도 다른 사람과 이야기하다 보면 훨씬 가벼워집니다.**

중요한 것은 자신의 여러 가지 스트레스 반응을 바로 발견하는 거예요. 그런 다음 그것을 누군가에게 이야기해서 밖으로 끄집어내야 합니다.

그러면 내가 겪는 스트레스가 별것 아닌 것처럼 느껴질 수 있고, 나의 스트레스 반응을 객관적으로 볼 수도 있습니다. 또 함께 이야기하다 보면 해결 방법을 찾을 수도 있습니다.

매일 조금씩이라도 시간을 내서 그 날 겪은 스트레스 반응을 글로 적거나, 마음을 터놓을 수 있는 사람에게 나의 스트레스 반응에 대해서 이야기해 보세요.

 ## 스트레스 반응을 쓰고 말해 보세요

연습한 날
/　/　/　/　/

① 이번 주에 내가 받은 스트레스는 어떤 것들이 있었나요? 또 그 스트레스에 대해서 나의 반응은 어땠는지 생각나는 대로 적어 보세요.

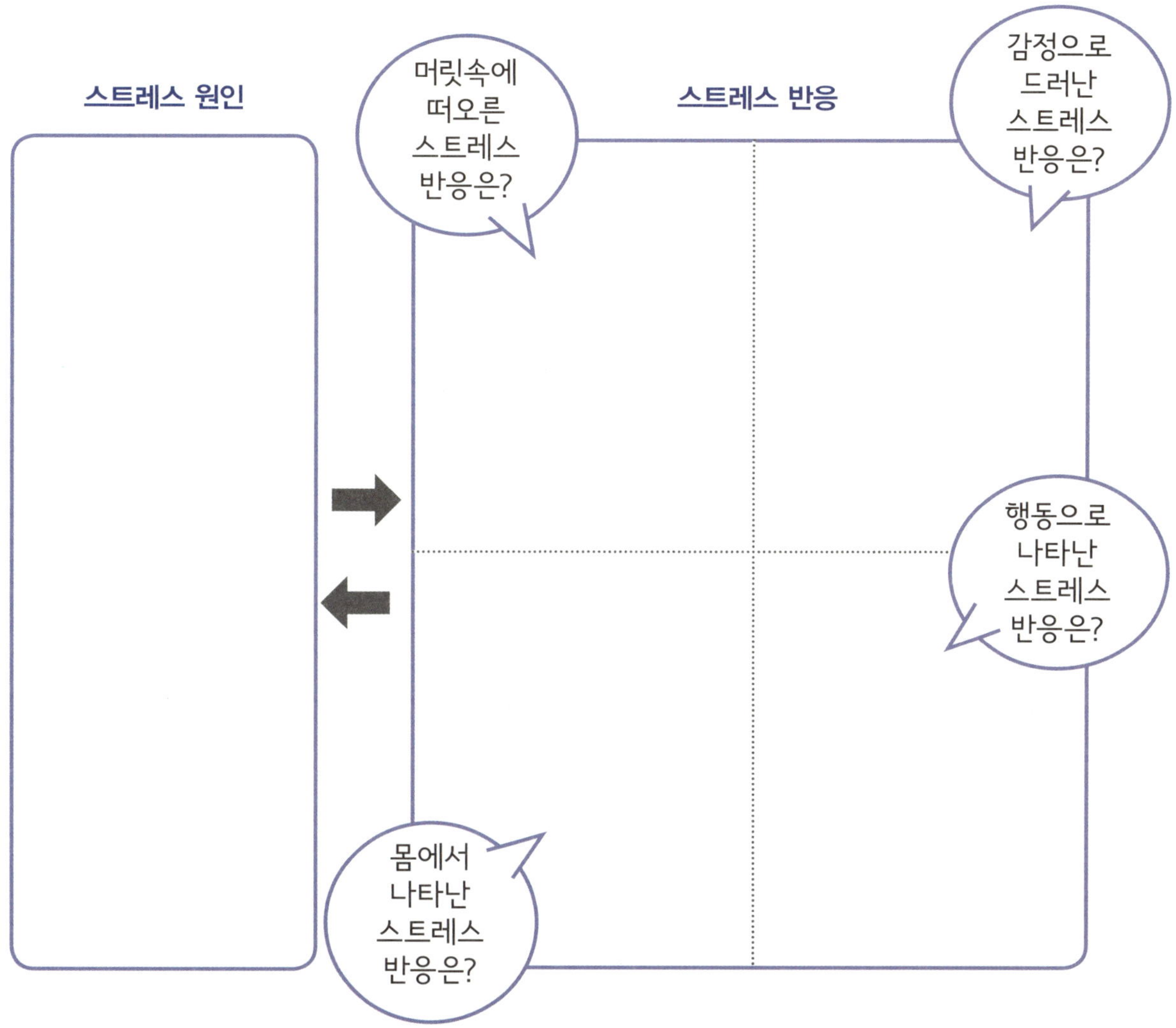

스트레스 원인　　머릿속에 떠오른 스트레스 반응은?　　**스트레스 반응**　　감정으로 드러난 스트레스 반응은?

행동으로 나타난 스트레스 반응은?

몸에서 나타난 스트레스 반응은?

② 위에 적은 나의 스트레스 원인과 반응에 대해서 누군가에게 이야기해 보세요. 이야기할 때는 "나는 지금 이런 스트레스가 있어."라고 시작하세요. 듣는 사람은 이야기를 끊지 말고 "음~, 그렇구나." "그렇게 된 거구나."라고 호응하며 들어 주세요.

제3장 스트레스 반응을 살펴보자

14 도움의 필요성을 인정해요

긴 인생을 살면서 스트레스와 스트레스 반응은 끝없이 따라오는 동반자 같아서 피할 수 없고, 어떻게 관리하느냐에 따라서 내 삶의 만족도는 달라집니다. 그래서 스트레스를 잘 다루는 것은 매우 중요합니다. 그런데 모든 스트레스를 내 힘만으로 감당할 수는 없습니다.

'다른 사람에게 이야기한다.' '상담을 한다.' '누군가에게 도움을 청한다.' 이것은 스트레스를 잘 관리하기 위해 다른 사람의 도움을 받는 행동들입니다. **심리학에서는 누군가의 이야기를 들어 주고, 이해와 관심을 나타내고, 격려해 주는 것을 '심리적 지지(support)'라고 표현합니다.** 그 사람을 지지해 줌으로써 긴장이나 걱정을 덜어 주고, 자신감을 가지고 현실 문제에 대처할 수 있게 돕는 것입니다.

사람은 더불어 살아가는 존재입니다. 내가 감당하기 어려운 스트레스를 받고 있다면, 혼자서 끙끙 앓지 말고 도움을 청하세요.

 **도와 달라고 말해요**

연습한 날				
/	/	/	/	/

① 내가 무엇 때문에 힘들어하는지 (스트레스 원인과 스트레스 반응을) 생각해 보세요.

② '내 얘기를 들어 줄 사람, 조언을 해 줄 사람, 나를 도와줄 사람' 이렇게 3명을 떠올려 보고, 종이에 그 사람들을 순서대로 적으세요.

③ 제일 처음 적은 사람을 찾아가서 '힘든 일이 있는데 얘기해도 될까?'라고 물어보세요.

④ '좋아.'라고 하면 ① 내가 힘들어하는 것(스트레스)에 대해서 이야기하세요.

⑤ 만약 거절한다면 두 번째 또는 세 번째 사람을 찾아가서 도움을 청하세요.

⑥ 도움을 받았다면 꼭 감사 인사를 하고 '나중에 또 힘든 일이 있을 때 얘기해도 될까?'라고 물어보세요.

나를 도와주는 사람을 떠올리세요

지금 곁에서 나를 도와주고 있는 사람은 누구누구인가요?

지금 곁에서 나를 도와주거나 힘이 되는 사람들을 생각해 보세요. 또 과거에 나를 도와주었던 사람도 떠올려 보세요. 그리고 지금은 아니더라도 잘 생각해 보면 나를 도와줄 사람이 있을 거예요. 다음에 힘든 일이 생긴다면 상담할 수 있는 사람도 생각해 두세요.

 **나를 도와주는 사람 목록을 만들기**

연습한 날				
/	/	/	/	/

① 지금 나를 도와주는 사람은 누구인지 빈칸에 적어 보세요.

② 과거에 나를 도와준 사람은 누구인지 빈칸에 적어 보세요.

③ ①, ②외에도 나를 도와줄 것 같은 사람이 있다면 적어 보세요.

어땠어요?

힘든 일이 있다면 35쪽에서 연습한 대로 도움을 청해 보세요.

16 도와주는 사람과 물건을 상상해요

나를 도와주는 사람이 꼭 가족이나 친구처럼 가까운 사이일 필요는 없습니다. **모든 사람들에게는 그 존재만으로도 힘이 되는 '무언가'가 있습니다. 그 무언가는 떠올리는 것만으로도 위로가 되고, 마음이 편안해집니다. 그리고 내가 어려움을 헤쳐 나갈 수 있도록 용기를 줍니다.**

나에게 힘이 되고 나를 이끌어 주는 누군가는 영화나 텔레비전에 나오는 스타가 될 수도 있고, 스포츠 선수나 예술가가 될 수도 있습니다. 또 좋아하는 만화나 게임의 캐릭터처럼 현실에 존재하지 않을 수도 있습니다. 역사상 위인이나 지금은 곁에 없는, 세상을 떠난 가족이나 친척일 수도 있습니다.

때로는 동물이나 식물, 인형, 프라모델처럼 인간이 아닌 생명체나 물건이 그 대상이 되기도 합니다.

어떤 형태로든 그들이 내게 미치는 영향이 긍정적이라면 도움이 될 테니까요. 그들을 상상하는 것만으로도 스트레스를 극복할 수 있는 힘을 얻게 됩니다.

 **나를 도와주는 사람과 물건을 상상해요**

연습한 날				
/	/	/	/	/

① 생각하는 것만으로도 위로가 되는 대상들을 아래 빈칸에 적어 보세요.

② 다 적었다면 눈을 감고 그들을 하나하나 떠올려 보세요. 그럼 상상하는 것만으로도 그들이 내게 힘이 된다는 것을 실감하게 될 거예요.

17 스트레스 대처에 대해 이해해요

스트레스를 받았을 때 **스트레스를 줄이기 위해서 하는 생각이나 모든 행동을 가리켜서 '스트레스 대처(stress coping)' 또는 '스트레스 대처 행동'이라고 합니다.**
앞에서 설명했듯이 나의 스트레스를 바로 깨닫고, 스트레스 원인이나 반응을 글로 적는 것, 누군가에게 털어놓고 이야기하거나 다른 사람에게 도움을 청하는 것, 나의 마음이나 행동에 대해서 평가하지 않고 그냥 바라보기만 하는 '마음 챙김'이 모두 '스트레스 대처 행동'입니다.
그 밖에도 기분 전환을 할 수 있는 즐거운 것들을 찾거나, 운동이나 취미 생활로 스트레스를 해소하는 것 역시 스트레스 대처 행동이라고 할 수 있습니다. 한마디로 나의 스트레스를 관리하기 위한 모든 노력이라고 할 수 있지요.

지금부터는 스트레스로부터 나를 지키는 여러 가지 방법을 소개할게요. 이것을 많이 익힐수록 스트레스 관리 능력이 향상되어서 나를 더 잘 지킬 수 있게 됩니다. 우선 스트레스 대처의 의미를 잘 기억해 주세요.

 **'스트레스 대처' 이해하기**

연습한 날				
/	/	/	/	/

① '스트레스 대처(stress coping)'에 쓰인 coping(코핑)이라는 영어 단어는 'cope(코프)'라는 말에서 왔습니다. cope는 '대처하다, 극복하다, 잘 처리하다'라는 뜻을 가지고 있어요. coping, coping, coping…… 어때요? 발음이 재미있지 않나요?

② '나를 도와주는 또 다른 나'를 상상해 보세요. 이제 그 아이가 여러 가지 대처 방법을 공부해서 당신을 도와줄 거예요. 기대되지요? 그 아이의 별명을 붙여 주세요. '코핑맨?' '대처보이?' '도와줄게구리?' 뭐가 좋을까요?

# 스트레스 대처 방법을 되짚어 봐요

이제 '스트레스 대처'가 무슨 뜻인지 확실히 알았지요? 지금부터는 스트레스 대처 방법을 구체적으로 배워 보기로 해요. 그런데 앞에서 설명했던 것들, 즉

① **스트레스 원인과 스트레스 반응을 바로 깨닫는다.**
② **나의 스트레스 원인과 반응을 글로 적거나 다른 사람에게 이야기한다(외재화).**
③ **나에 대해서 평가하거나 판단하지 말고 계속 지켜본다(마음 챙김).**
④ **누군가에게 도움을 청한다.**
⑤ **도와주는 사람이나 물건을 상상한다.**

이것들도 우리의 몸과 마음이 가벼워지거나 편해지게 하는 방법이니까 모두 훌륭한 스트레스 대처 방법입니다. 이를 정확히 해내는 것만으로도 스트레스 관리에 큰 도움이 됩니다.
우선 지금까지 배웠던 것을 복습하는 시간을 갖기로 해요. 그리고 새로운 스트레스 대처 방법을 한 가지씩 익혀 나가도록 해요.

 **'스트레스 대처 방법' 다시 보기**

연습한 날				
/	/	/	/	/

① 이 책의 1 부터 16 까지 다시 읽어 보고, 연습 문제도 한 번 더 풀어 보세요.

② 평소에도 1 부터 16 을 틈틈이 복습하면서 매일 생활 속에서 실천해 보세요.

19. 나만의 스트레스 해결 방법은 무엇인가요?

스트레스가 계속되면 심리적으로 불안과 갈등을 일으켜서 몸도 마음도 아프게 됩니다. 그래서 스트레스 관리는 무척 중요합니다. 그런데 똑같은 스트레스를 받아도 사람마다 반응도 다르고 스트레스 해소 방법도 다르기 때문에 각자 나에게 맞는 방법을 찾는 것이 중요합니다.

여기서 '나만의 스트레스 해소 방법'을 말해 보기로 해요. 누구에게나 자신을 지키는 여러 가지 방법이 있습니다. 지금까지는 그게 스트레스 대처 방법이라고 의식하지 못했겠지만, 앞으로는 나의 스트레스 대처 방법을 정확하게 의식하면서 '이렇게 하면 내 마음이 편안해져.' '이게 나를 지키는 방법이야.'라고 생각하며 해 보세요. 그러면 나를 지키는 효과가 더 커질 거예요.

 **나의 스트레스 해결 방법을 써 보세요**

연습한 날
/ / / / /

① 평소에 내가 하는 스트레스 대처 방법(나를 지키는 방법)을 되도록 많이 정리해 보세요. '평소에 내가 하는 방법? 잘 생각 안 나는데……'라고 생각하는 사람은 억지로 하지 않아도 돼요. 이 책의 연습 문제를 풀다 보면 스트레스 대처 방법이 많이 생길 테니까요.

스트레스를 받은 이유	나의 대처 방법

② 어때요? 나도 나름대로 여러 가지 방법으로 스트레스에 대처하고 있었지요? 앞으로도 잘 활용하세요.

20 생각과 상상으로 대처해요

스트레스 대처 방법은 크게 ① 「**생각과 상상으로 하는 대처 방법**」과 ② 「**행동과 몸으로 하는 대처 방법**」 두 가지가 있습니다.

이번에는 ① 「생각과 상상으로 하는 대처 방법」에 대해 살펴보기로 해요. 이것은 **스트레스로부터 나를 지키기 위해 머릿속으로 떠올리는 모든 생각과 상상을 가리킵니다.** 앞에서 스트레스 반응에는 4가지가 있고 그중에 「머릿속에 떠오르는 스트레스 반응」이 있다고 했지요? (20쪽을 보세요.) 예를 들어 볼까요? 친구에게 괴롭힘을 당했을 때를 생각해 보세요. 속상해서 '대체 나한테 왜 그러는 거야? 하지 마!'라고 생각합니다. 그런데 울컥하는 마음에 그 친구에게 앙갚음을 하는 상상을 할 수도 있어요. 이런 생각이나 상상을 가리켜서 「머릿속에 떠오르는 스트레스 반응」이라고 합니다.

머릿속의 생각이나 상상은 의도하지 않아도 자연스럽게 나타납니다. 그런데 우리는 그 생각이나 상상을 만들어 내거나 바꾸고 더할 수도 있어요. 이것을 「생각과 상상으로 하는 대처 방법」이라고 부릅니다.

 **기분이 좋아지는 것을 떠올려 보세요**

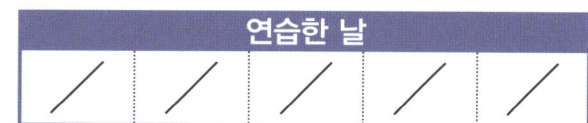

① 눈을 감고 내가 좋아하는 사람의 얼굴을 떠올려 보세요.

② 친구가 우울해하고 있어요. 그 친구에게 어떤 말을 해 주면 좋을지 생각해 보세요.

③ 오늘 저녁에 먹고 싶은 것을 상상해 보세요.

④ 나의 장점은 무엇인지 생각해 보세요.

위의 질문들은 스트레스 요인이 생겼을 때 머릿속으로 기분이 좋아지는 것을 떠올려서 내 마음을 다스리는 연습이에요. 이렇게 생각과 상상만으로도 스트레스에서 벗어날 수 있어요.
4가지 질문에 쉽게 답한 사람도 있지만 좀 어려웠다는 사람도 있을 거예요. 하지만 어렵게 느낀 사람도 즐거운 생각이나 상상을 하는 습관을 들이면 되니까 걱정할 필요는 없어요.

머릿속으로 나를 위로해요

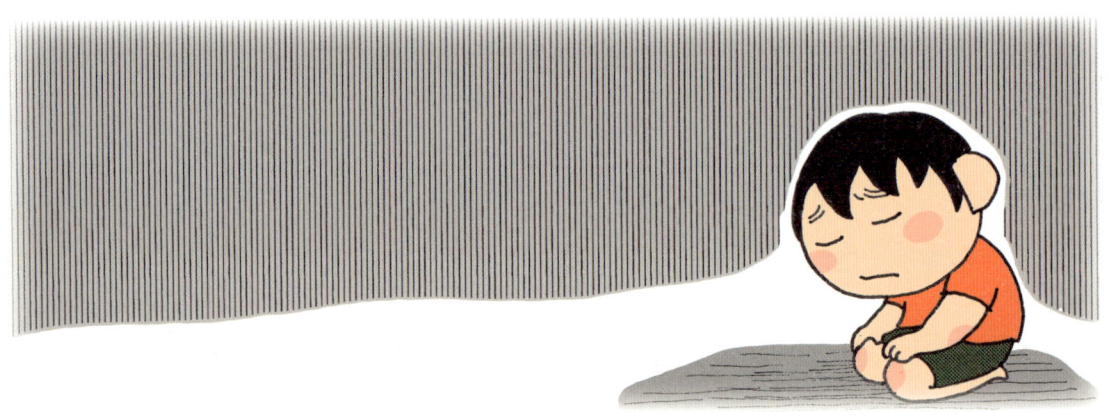

누구든지 우울하고 속상할 때가 있습니다. 예를 들어 볼게요. '기르던 강아지가 죽었다.' '부모님께 꾸중을 들었다.' '열심히 노력했는데도 결과가 좋지 않았다.' '친한 친구와 다퉜다.' '모두 보는 앞에서 담임 선생님께 주의를 받았다.' '친구에게 괴롭힘을 당했다.' '큰 실수를 저질렀다.' '친구들이 나만 따돌린다.' '아무리 해도 게임 실력이 늘지 않는다.' '아끼던 프라모델이 망가졌다'……등등.

때로는 딱히 특별한 이유도 없는데 불쑥 우울해질 때도 있습니다.
'우울하다'는 것은 자연스러운 감정이에요. 하지만 계속 우울해하고 있다면 기분은 나아지지 않습니다. 그리고 점점 더 우울한 생각만 하게 될 거예요. 그럴 때 「생각과 상상으로 하는 대처 방법」을 사용해 보세요. **머릿속으로 「우울해하는 아이=자신」의 모습을 떠올리세요. 그리고 그 아이(자신)에게 어떻게 위로받고 싶은지 물어보세요.** 그런 다음 그 아이에게 해 줄 위로의 말을 생각하고, 마음을 담아 전해 보세요.

 **우울해하는 나를 위로해 주세요**

연습한 날				
/	/	/	/	/

① 최근에 내가 정말 우울했던 때는 언제인가요? 그때 내가 왜 우울했는지 그 이유에 대해 생각해 보세요.

② 머릿속으로 「우울해하는 아이=자신」을 상상해 보세요. 그리고 지금 그 아이의 마음이 어떤지 생각해 보세요.

③ 내가 우울해하는 또 다른 나에게 말을 거는 모습을 상상해 보세요. "그랬구나. 정말 힘들었구나!" 그런 다음 그 아이에게 진심을 담아서 위로의 말을 해 주고, 어떤 말을 했는지 적어 보세요.

위로의 말

④ 위로의 말이 좀처럼 생각나지 않는다면 「우울해하는 아이=자신」에게 물어 보세요. "어떻게 위로해 주었으면 좋겠니?" "어떤 말을 듣고 싶어?"라고요. 「우울해하는 아이=자신」에게 대답을 듣고 난 뒤에 그대로 위로해 주세요. 그리고 그 말을 적어 보세요.

위로의 말

⑤ 앞으로도 우울해질 때면 바로 그 자리에서 이런 방법으로 나를 위로해 보세요.

제6장 생각과 상상으로 하는 대처 방법을 늘려 가자

머릿속으로 나를 격려해요

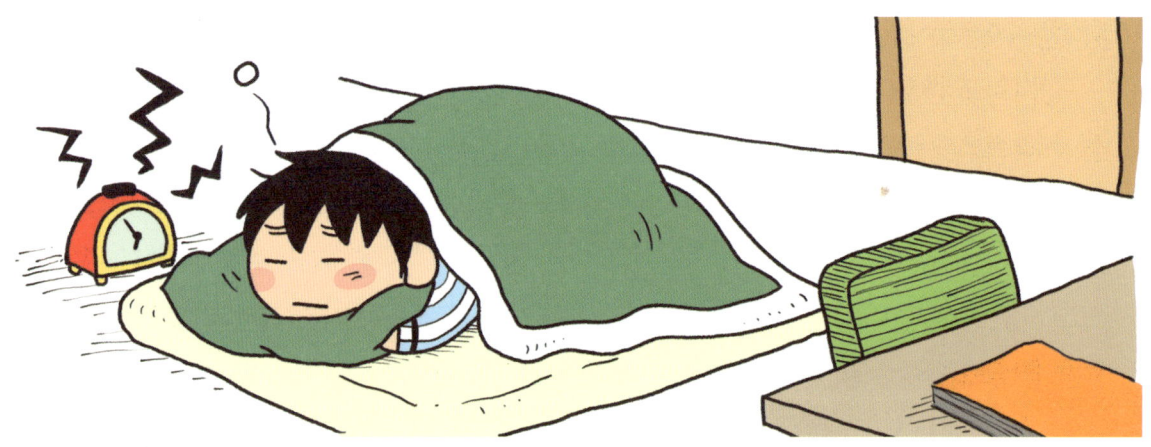

'모든 일에 의욕이 생기지 않는다. 열심히 해야 한다는 건 잘 알지만 좀처럼 힘이 나지 않는다. 뭔가에 실망해서 기분이 좋지 않다.' 이런 경험 한 번씩은 해 봤지요?

예를 들면, 아침에 이불 속에서 나오는 게 싫어서 늑장을 부렸다던가, 엄마가 시킨 집안일이 하기 싫다던가, 성적이 나빠서 열심히 공부할 마음이 꺾였다던가, 좋아하는 아이에게 고백하고 싶은데 용기가 안 난다…… 등등. 살면서 이런 것은 누구나 경험하는 일들입니다. 하지만 너무 오래 무기력한 상태에 빠져 있다면 곤란하겠지요?

그럴 때 「생각과 상상으로 하는 대처 방법」을 사용해 보세요. 머릿속에서 나를 격려해 주는 거예요. **격려한다고 해서 그냥 '힘내!'라고 가볍게 말하는 게 아니라, 내 안에 있는 '실망해서 풀이 죽은 아이' '의욕이 생기지 않는 아이' '용기가 나지 않는 아이', 그 아이에게 용기와 의욕을 북돋아 주는 거예요.** 내 안에 있는 또 다른 나에게 '어떻게 격려받고 싶어?'라고 물어봐도 좋아요.

 **나를 격려해 주는 연습을 해 보세요**

연습한 날				
/	/	/	/	/

① 최근에 크게 실망한 일이 있나요? 혹은 의욕을 잃거나 용기가 생기지 않는 일이 있나요? 내가 왜 그렇게 됐는지 그 이유를 떠올려 보세요.

② 「실망하고 있는 아이=자신」「의욕을 잃은 아이=자신」「용기를 못 내는 아이=자신」을 상상해 보세요. 그리고 지금 그 아이의 마음은 어떤지 가만히 들여다보세요.

③ 내가 그 아이에게 말을 거는 모습을 상상해 보세요. "그랬구나. 많이 실망했구나. 그래서 기운이 없구나." 그런 다음 그 아이에게 진심을 담아서 격려의 말을 해 주세요. 어떤 말을 해 주었나요? 그것을 적어 보세요.

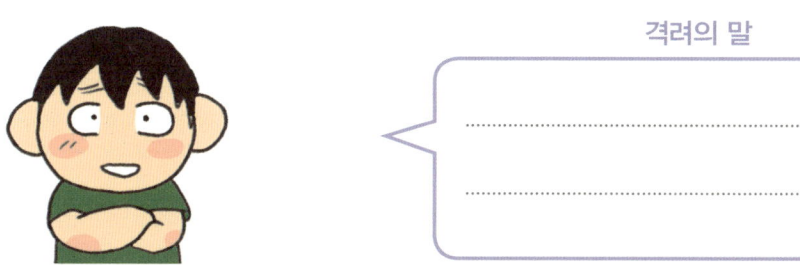

격려의 말

④ 격려의 말이 좀처럼 떠오르지 않는다면 「실망하고 있는 아이=자신」「의욕을 잃은 아이=자신」「용기를 못 내는 아이=자신」에게 물어보세요. "어떻게 격려해 주면 좋을까?" "어떤 격려의 말을 듣고 싶어?"라고요. 내 안에 있는 그 아이에게 답을 듣고 난 뒤에 그대로 격려해 주세요. 그리고 그 말을 적어 보세요.

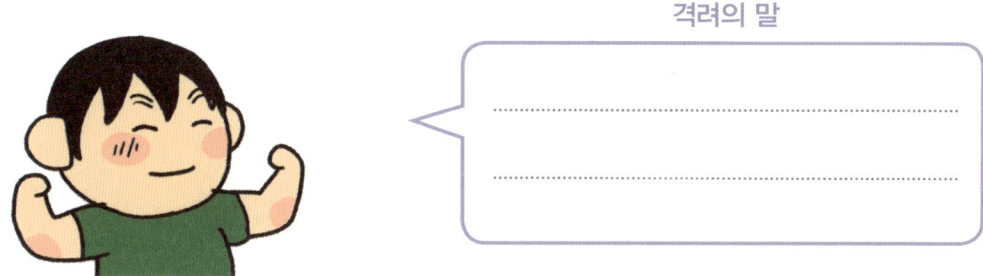

격려의 말

⑤ 앞으로도 실망해서 의욕이 생기지 않거나 용기가 나지 않는 경우가 있다면 바로 그 자리에서 이런 방법으로 나를 격려해 보세요.

머릿속으로 나를 칭찬해요

내가 생각해도 내가 참 기특할 때가 있지요? 예를 들면 전에는 잘 못하던 것을 노력해서 잘하게 됐을 때, 다른 사람을 도와주었을 때, 자신과 한 약속을 끝까지 지켰을 때…… 참 뿌듯하지요? 그럴 때 **생각과 상상으로 하는 대처 방법**으로 나를 칭찬해 주세요. **인간은 기본적으로 칭찬받을 때 성장하는 존재입니다. 칭찬을 들으면 '으쌰! 열심히 해야지!' 하며 힘낼 수 있죠.** 가정이나 학교에서 칭찬받을 일이 많다면 일부러 스스로를 칭찬하지 않더라도 힘이 솟겠지만 늘 다른 사람에게 칭찬받는 경험만 누리기는 어렵습니다. 그렇기 때문에 자기 자신에게 칭찬하는 습관을 길러서 스스로 살아가는 힘을 키워야 합니다.

 **나를 칭찬해 주는 연습을 해 보세요**

연습한 날				
/	/	/	/	/

① 스스로 칭찬한다는 게 쑥스럽거나 어색할 수도 있으니까, 나를 칭찬해 주는 캐릭터를 상상해 보세요. 그리고 이름을 지어 주세요.

칭찬맨　　　칭찬 요정

― 칭찬받을 만한 일 ―

일찍 일어났다. / 밥을 남기지 않고 다 먹었다. / 수업 시간에 졸지 않았다. / 내가 먼저 친구에게 사과했다. / 동생과 놀아 주었다. / 강아지와 산책했다. / 넘어진 친구를 일으켜 줬다. / 체육 시간에 열심히 뛰었다. / 활기찬 하루를 보냈다. / 심부름을 다녀왔다. / 몸이 아팠는데 혼자서 양호실에 갔다. / 복도에서 뛰지 않았다.

② 오늘 칭찬받을 만한 행동을 했는지 생각해 보세요. 아주 사소한 거라도 괜찮아요.

③ 내가 칭찬맨이나 칭찬 요정에게 칭찬받는 장면을 상상해 보세요.

밥을 남기지 않고 다 먹었네. 잘했어!

친구랑 사이좋게 놀았구나! 멋진걸!

혼자서 장난감을 정리했구나. 착하기도 하지!

④ 혹시 칭찬받을 만한 행동이 생각나지 않나요? 그럼 친구나 가족에게 '오늘 나 때문에 기분이 좋았는지' 물어보세요. 나도 모르는 사이에 그들을 미소 짓게 했을지 몰라요. 별다른 대답을 듣지 못하더라도 실망할 필요는 없어요. 우리에겐 내일이 있으니까요. 칭찬맨이나 칭찬 요정은 이렇게 말할 거예요. "오늘 하루도 잘 보냈지? 그럼 된 거야."라고요.

24 행복했던 추억을 떠올려요

우리의 뇌는 매우 유능해서 지난 일을 잘 저장해 둡니다. 그것을 다시 생각하는 것을 '추억한다' 혹은 '기억한다'라고 하지요.
즐거웠던 일이나 기뻤던 일은 좋은 기억, 멋진 추억, 행복한 추억으로 남아서 떠올리는 것만으로도 미소 짓게 되고 행복해집니다. 반대로 누군가에게 상처받거나 속상했던 일, 화가 났던 일은 싫은 기억으로 머릿속에 또렷이 남아서 다시 생각해도 마음의 상처가 됩니다. 그러니 행복한 추억을 많이 쌓고 또 자주 떠올리는 게 좋겠지요?

그런데 스트레스를 받게 되면 안 좋은 생각이나 추억을 먼저 떠올리기 쉽습니다. 그럼 지금 내가 스트레스 받는 일이나 사람에 대해서 더 싫은 생각과 안 좋은 감정으로 치닫게 돼서 스트레스에서 헤어 나올 길이 없게 됩니다. 그럴 때는 이런 자신을 빨리 깨닫고 「마음 챙김」(30쪽을 보세요.)으로 바라봐 주세요. 그리고 **행복했던 추억을 떠올려 보세요. 그럼 생각의 전환이 이루어져서 스트레스로부터 빠져나오게 됩니다.**

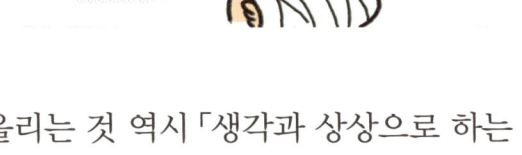

이렇게 머릿속으로 행복한 추억을 떠올리는 것 역시 「생각과 상상으로 하는 대처 방법」의 하나입니다.

 **머릿속으로 추억을 떠올려 보세요**

연습한 날				
/	/	/	/	/

① 머릿속으로 즐겁고, 신나고, 재밌고, 행복했던 때를 떠올려 보세요. 사소한 것도 괜찮아요. 어릴 때 기억도 좋고, 오늘 일이라도 상관없어요. 되도록 많이 떠올리고 적어 보세요.

> 예) 여름 방학 때 캠핑을 갔는데 무척 즐거웠다. / 어릴 때 할아버지가 나를 엄청 귀여워해 주셨다. / 작년에 운동회 때 달리기에서 1등을 했다. / 오늘 엄마가 짜장면을 해 주셨는데 아주 맛있었다. / 크리스마스에 갖고 싶던 게임기를 선물 받았다. / 어린이날 롤러코스터를 탔는데 진짜 짜릿했다. / 어제 친구랑 게임을 했는데 내가 이겼다. / 선생님이 이번에 성적이 올랐다고 칭찬해 주셨다. / 설날에 세뱃돈을 많이 받았다 / 소풍날 동물원에서 본 기린이 멋있었다.

② 눈을 감고 내가 가장 행복했던 순간을 떠올려 보세요. 머릿속으로 그때로 돌아가는 거예요. 마치 타임머신을 탄 것처럼 그때 그 장소에 내가 있는 거예요. 마음이 어떤가요?

> 이 연습은 언제, 어디에서든지 할 수 있습니다. 하루에 한 번은 눈을 감고 이렇게 좋은 기억, 행복한 추억을 떠올려 보세요. 그러면 나쁜 기억, 안 좋은 기억을 덜 하게 되고, 떨쳐 버릴 수도 있어요.

25 내일을 꿈꿔요

이번에는 나에게 다가올 미래를 상상해 보기로 해요. 이것도 「생각과 상상으로 하는 대처 방법」 중의 하나입니다.

우리 인간은 '현재'를 살아가고 있지만, 우리의 뇌는 과거를 기억하고 '미래'를 꿈꿉니다. 그래서 모든 생명체 중 사람만이 먼 미래까지도 계획하며 살아갑니다.

미래도 추억처럼 '밝고 희망찬 미래'와 '걱정스러운 미래' 두 가지로 생각할 수 있습니다. 그런데 우리는 때때로 다가올 앞날을 미리 걱정하기도 합니다. 예를 들면 '집에 가면 엄마에게 혼날 텐데……. 어쩌면 좋지?' '여름 방학 때 할아버지 댁에 가기 싫어! 너무 멀고, 날 괴롭히는 사촌 형도 있잖아.' '중학생 되는 거 싫어. 공부를 더 많이 해야 되잖아!'라고요.

하지만 앞날에 대해 미리 걱정하는 것은 어리석은 것입니다. **어차피 내게 다가올 미래라면 좀 더 긍정적으로 생각하고 밝은 앞날을 꿈꾸세요.** 그리고 미래의 주인공인 나에 대해서 여러 가지로 계획해 보세요. 내가 해낼 수 있을지 없을지는 걱정하지 말고, 희망찬 미래를 꿈꾸세요. 밝은 미래는 꿈을 꾸어야 이루어지는 거니까요.

 **미래의 내 모습을 그려 보세요**

연습한 날				
/	/	/	/	/

① **【아주 먼 미래의 나】**

아주 먼 미래의 내 모습을 상상해 보세요. '어떻게 성장할지, 무엇을 전공할지, 어떤 모습의 어른이 되어 있을지, 무슨 일을 하고 있을지, 어떤 가정을 꾸리고 있을지, 어디에 가 보고 싶은지…… 등등.' 상상력을 발휘해서 머릿속으로 그려 보세요.

10년 후

20년 후

50년 후

② **【가까운 미래의 나】**

이번에는 가까운 앞날을 계획해 보세요. '1년 뒤에는 뭘 하고 싶은지, 방학 때는 뭘 하고 싶은지, 2학기에는 뭘 하고 싶은지, 다음 달엔 뭘 하고 싶은지, 주말에는 뭘 하고 싶은지, 방과 후엔 뭘 하고 싶은지, 5분 뒤에는 뭘 하고 싶은지, 지금부터는 뭘 하고 싶은지…….' 그리고 그 계획이 실현됐을 때의 상황도 구체적으로 그려 보세요.

무엇을 하고 싶어?

- 1년 뒤 _____
- 방학 때 _____
- 다음 달 _____
- 주말 _____
- 방과 후 _____
- 5분 뒤 _____
- 지금 _____

이 연습도 언제 어디서든지 할 수 있어요. 하루에 한 번은 눈을 감고 미래의 나를 그려 보세요. 그러면 즐거운 상상이 이어지고 스스로 그 계획들을 이루려고 노력할 테니까, 나의 미래는 밝고 희망찰 거예요.

상상력의 힘

우리는 머릿속으로 내가 원하는 것은 뭐든지 떠올릴 수 있습니다. 이렇게 현실에 없는 것을 머릿속에서 그려 내는 것을 '상상력'이라고 합니다. 상상력은 시간과 공간을 초월하며, 내가 경험하지 못한 것도 뇌 속으로 끌어들여 영상으로 만들어 낼 수 있습니다. 이렇게 상상의 세계는 무한대이며, 상상력이야말로 인간이 가진 가장 막강한 힘이라고 할 수 있습니다. 상상력은 스트레스를 관리하는 데도 도움이 됩니다. 내가 좋아하는 사람이나 풍경을 상상하는 것만으로도 기분이 좋아지고 긴장이 풀려서 몸도 마음도 편안해집니다. **따라서 상상력은 훌륭한 '스트레스 대처 방법'이 될 수 있습니다.** 상상력은 분명히 엄청난 능력이지만, 상상하고 싶지 않은 것들을 떠올리게 됐을 때는 부정적인 영향을 미치기도 합니다. 이를테면 어떤 사건이나 사고의 현장, 내가 무서워하는 사람이나 싫어하는 일, 나를 위협하는 사람을 상상하는 일은 스트레스이며 고통으로 다가옵니다. 이럴 때는 '마음 챙김'으로 나를 다독이고, 앞에서 말한 여러 가지 대처 방법을 이용해서 그 상상에서 벗어나야 합니다.

 **내가 좋아하는 사람이나 풍경을 떠올려 보세요**

연습한 날				
/	/	/	/	/

① 내가 제일 좋아하는 사람은 누구예요? 떠올려 보세요.

> TV에 나오는 사람도 좋고, 만화나 게임 캐릭터라도 괜찮아요.

힌트 생각만으로도 마음이 따뜻해지는 사람, 나를 다정하게 대해 주는 사람, 나에게 힘이 돼 주는 사람, 내가 동경하는 사람, 함께 있으면 편하고 즐거운 사람.

② 내가 좋아하는 풍경은 어떤 모습인가요? 상상해 보세요.

> 현실에 존재하지 않는 풍경이라도 괜찮아요.

힌트 자주 보는 익숙한 풍경, 시골 풍경, 여행지에서 본 풍경, 밤하늘에 반짝이는 별, 비 온 뒤에 뜨는 커다란 무지개, 우주 공간, 영화에서 본 미래 세계.

③ 눈을 감고 ①과 ②에서 적은 좋아하는 사람이나 풍경이 눈앞에 있다고 상상해 보세요. 어떤 기분인가요? 몸의 변화도 느껴지나요?

하루에 한 번은 꼭 눈을 감고 내가 좋아하는 사람이나 멋진 풍경을 상상하는 습관을 들여 보세요. 그러면 긴장했던 몸과 마음이 편안해지고, 기분도 한결 좋아질 거예요.

제6장 생각과 상상으로 하는 대처 방법을 늘려 가자

27 행동과 몸으로 대처해요

스트레스에 대처하는 방법은 크게 ①「생각과 상상으로 하는 대처 방법」과 ②「행동과 몸으로 하는 대처 방법」두 가지가 있다고 했지요? 여기에서는 ②「행동과 몸으로 하는 대처 방법」에 대해서 살펴보기로 해요.

많은 사람들이 스트레스를 '마음의 문제'라고 말합니다. '내가 스트레스를 받아서 힘들다.'라는 의미에서 보면 '마음'이 스트레스를 느끼고 있는 게 분명해 보입니다. 하지만 마음이라는 단어는 너무나 광범위하고 구체적이지 못합니다. 마음은 눈으로 볼 수도 없고, 손으로 만질 수도 없어서 구체적으로 설명하기 힘듭니다.

그래서 마음이라는 단어를 일부러 사용하지 않고, '머릿속의 생각과 상상을 이용하는 방법'과 '행동이나 몸을 이용하는 방법'으로 스트레스 대처 방법을 구체적으로 나눕니다.

생각과 상상으로 하는 방법과 달리, 행동이나 몸으로 스트레스에 대처하는 방법은 '눈에 보이는 것'을 이용합니다. 그 예를 들어 볼게요.

 **나는 어떻게 대처할까요?**

연습한 날				
/	/	/	/	/

① 나는 어떤 행동으로 대처할까?

스트레스 반응 중에 「행동으로 드러나는 반응」이 있다고 했지요? 이번에는 스트레스 요인이 발생했을 때 나라면 어떤 행동으로 대처할지를 생각해 보세요.
⑩ 에서 예로 든 여러 가지 행동이나 연습에서 체험한 행동을 다시 읽어서, '행동이란 무엇일까?'를 복습해 보아요.

여러 가지 행동	
·옷을 입는다	·옷을 벗는다
·펑펑 울어 버린다	·글을 쓴다
·누군가를 찾아간다	·물건을 떨어뜨린다
·물건을 줍는다	·눈을 감는다
·걷는다	·눈을 뜬다
·계속 서 있는다	·이불 속에 들어간다
·등을 토닥인다	·샤워를 한다
·누군가에게 말한다	·손을 씻는다

나는 어떤 행동을 할까?

① 지진이 나서 교실이 흔들린다면
② 화장실에서 볼일을 보는데 휴지가 없다면
③ 모르는 사람한테서 사탕을 받았다면
④ 친구가 다른 친구의 흉을 본다면
⑤ 친구가 "쟤는 그냥 무시해도 돼"라고 한다면
⑥ 엄마가 "공부 안 하면 용돈 줄일 거야."라고 한다면
⑦ 기르던 강아지가 죽었다면
⑧ 정말 끔찍한 시험 점수를 받았다면

② 내 몸은 어떤 반응으로 대처할까?

스트레스를 받았을 때 내 몸은 스트레스에 어떤 반응을 보이는지 생각해 보세요.
⑨ 에서 예로 든 여러 가지 행동이나 연습에서 체험한 몸으로 나타나는 반응을 다시 읽어서, '몸이란 무엇일까?'를 복습해 보아요.

몸의 반응들	
·피부가 가렵다	·머리가 멍하다
·재채기가 나온다	·두드러기가 난다
·배가 아프다	·열이 난다
·졸음이 쏟아진다	·어깨가 뻐근하다
·기침이 나온다	·하품이 나온다
·쉬가 마렵다	·콧물이 나온다
·손발이 떨린다	·귀에서 소리가 난다
·토할 것 같다	·머리가 가렵다

내 몸은 어떻게 반응할까?

① 밥도 못 먹고 서둘렀는데 지각을 했다면
② 어제 잠을 못 자서 수업 시간에 졸린다면
③ 몹시 추운 날 겉옷을 입지 않고 나갔다면
④ 가족에게 감기가 옮았다면
⑤ 땡볕에 걸어서 심부름을 가야만 한다면
⑥ 모기에게 팔을 물렸다면
⑦ 수업 중인데 화장실이 가고 싶어진다면

28 내 스트레스의 원인과 반응을 기록해요

다시 한번 정리해 볼게요. 스트레스는 스트레스 원인, 즉 '짐'을 건네받았을 때, 그 짐을 짊어지게 된 사람한테 다양한 반응(스트레스 반응)으로 나타난다고 했습니다. 그리고 스트레스 반응은 「머릿속에서 떠오르는 반응」「감정으로 표현되는 반응」「신체에서 나타나는 반응」「행동으로 드러나는 반응」 이렇게 4가지로 나타난다고 했습니다.

스트레스 원인과 스트레스 반응을 '곧바로 깨닫는 것'이 얼마나 중요한지도 말하였습니다. 스트레스의 원인과 반응을 되도록 빨리 알아야 적절히 대처할 수 있기 때문입니다. 그런 의미에서 빨리 깨닫거나 알아내는 것은 가장 중요한 스트레스 대처 방법입니다. 또 스트레스의 원인과 반응을 기록하거나 누군가와 이야기해서 밖으로 꺼내는 것, 즉 외재화가 스트레스 관리에 큰 도움이 되는 대처 방법이라는 것도 알 수 있었습니다. 여기에서는 나의 스트레스를 기록하는 것을 연습하기로 해요.

 **나의 스트레스에 대해 기록하는 연습을 해요**

연습한 날				
/	/	/	/	/

① 내가 최근에 경험한 스트레스에 대해서 적어 보세요.

스트레스 원인 **스트레스 반응**

- 머릿속에 떠오른 스트레스 반응은?
- 감정으로 표현된 스트레스 반응은?
- 행동으로 드러난 스트레스 반응은?
- 몸에서 나타난 스트레스 반응은?

② 위에 적은 것을 다시 천천히 읽어 보세요. 어떤 생각이 드나요? 감정의 변화가 느껴지나요?

③ 평소에도 스트레스를 받았을 때 이렇게 글로 기록해 두세요.

어땠어요?
102쪽을 복사해서 기록해도 좋아요.

제7장 행동과 몸으로 하는 대처 방법을 늘려 가자　63

29 아이디어를 쏟아 내요

스트레스를 느낀다는 것은 내가 처한 상황에 어떤 문제가 있어서 나를 괴롭히고 있을 가능성이 높습니다. **그러니 구체적으로 무엇이 문제인지 생각해 보세요. 그리고 그 문제를 해결하기 위해서 내가 무엇을 할 수 있을지 생각해 보세요.**

이때 내가 생각한 방법이 문제를 해결할 수 있을지 없을지에 대한 판단은 하지 말고 '뭐라도 좋으니까 이것저것 생각해 보자.'라는 가벼운 마음으로 접근하는 것이 중요합니다.

이렇게 '좋다' '나쁘다' 같은 판단을 하지 않고 최대한 많은 아이디어를 내는 것을 브레인스토밍(brainstorming)이라고 하는데, 이것은 어른들이 회사에서 아이디어 회의를 할 때 많이 쓰는 방법입니다. 브레인(brain)은 뇌를 뜻하고, 스톰(storm)은 폭풍을 뜻하므로 마치 두뇌에서 폭풍이 일어나는 것처럼 아이디어를 많이 쏟아 내자는 발상법입니다.

충분히 브레인스토밍을 한 뒤에 나온 아이디어들 중에서 도움이 될 것 같은 것을 몇 개 고르고, 그것들을 조합해서 가장 좋은 해결책을 만들어 문제를 해결해 보세요.

 **문제를 해결하는 과정을 연습해요**

연습한 날				
/	/	/	/	/

① 문제를 해결하는 과정입니다. 잘 읽어 보세요.

★무엇이 문제인가?
방이 너무 지저분해서 엄마에게 혼날 것 같다.
내일 학교에 가지고 갈 숙제 프린트가 안 보인다.

★이 문제를 해결하기 위해 무엇을 할 수 있을까? (브레인스토밍)
엄마에게 부탁해서 방을 치운다. / 누나에게 과자를 주고 방을 치워 달라고 한다. / 선생님께 프린트를 잃어버렸다고 말한다. / 내일 일찍 등교해서 선생님께 프린트를 다시 받아서 숙제한다. / 친구에게 메시지를 보내서 프린트를 복사한다. / 방을 완벽하게 청소한다. / 프린트는 포기하고, 방은 어차피 혼날 테니까 일요일에 청소하기로 한다. / 책가방 속에 프린트가 있을지도 모르니까 책가방을 뒤져 본다. / 책상 위만 정리하면 30분이면 끝날지도. / 방 청소와 프린트는 잊어버리고 놀러 나간다.

★도움이 될 만한 아이디어를 내 보자.
책가방을 뒤져 본다.
30분 동안 책상 위만 정리한다.
숙제 프린트는 잊어버리고 놀러 나간다.
내일 일찍 등교해서 선생님께 프린트를 다시 받아서 숙제를 한다.

★해결책은?
우선 책가방을 뒤져 보고, 30분 동안 책상을 정리한다. 프린트를 찾았다면 다행이고, 못 찾았다면 어쩔 수 없으니까 놀러 나간다. 그리고 내일 일찍 등교해서 선생님께 프린트를 다시 받아 숙제한다. 책상 위가 정리돼 있다면 엄마에게 혼나지는 않을 것 같다.

★해결책을 실행하자!
우아, 다행이다! 책상을 정리하다가 프린트물 중에서 숙제 프린트를 발견했다. 덕분에 책상도 조금 정리가 됐고, 마음 편히 놀러 나갈 수 있었다. 엄마도 "어머, 책상 정리를 했네!"라고 좋아하셔서 혼나지는 않을 것 같다. 이제부터 책상만이라도 매일 정리할까?

② 위의 예를 참고해서 내 문제를 해결해 보세요. 103쪽에 있는 문제 해결 용지에 해결 과정을 적어 보세요.

30 도와 달라고 말하는 것을 망설이지 마세요

나의 스트레스 원인과 스트레스 반응을 다른 사람에게 이야기하거나, 글로 적어서 밖으로 꺼내는 행동(외재화)은 훌륭한 대처 방법입니다.
뿐만 아니라 누군가를 찾아가서 상담을 하거나 도와 달라고 말하는 것도 스트레스로부터 나를 지키는 용기 있는 행동입니다. 혼자 힘만으로 문제를 해결하기 위해 고민할 필요는 없다는 뜻입니다. (34~39쪽을 보세요.)
스트레스를 받아서 힘이 들 때 다른 사람의 도움을 바란다는 것은 건강하게 삶을 살고 있다는 뜻이기도 합니다. 만약 '내 문제니까 내 힘으로 해결해야지.' '다른 사람에게 의지하는 것은 네가 약하기 때문이야.' 혹은 '다른 사람의 도움을 바라는 것은 창피한 일이야.'라고 생각한다면 그것은 잘못 알고 있는 거예요.
우리 모두는 평생 더불어 살아가는 삶을 삽니다. 그러니까 힘이 들 때 다른 사람에게 이야기하거나 도움을 바라는 것은 너무나 자연스럽고 당연한 일입니다. 그리고 그렇게 도움을 주고받았을 때 '더불어 사는 삶'의 행복을 느끼게 될 것입니다.

 **다른 사람에게 내 고민을 털어놓는 연습을 해요**

연습한 날				
/	/	/	/	/

① 최근에 경험한 스트레스에 대해서 적어 보세요.

스트레스 원인　　　　**스트레스 반응**

- 머릿속에 떠오른 스트레스 반응은?
- 감정으로 표현된 스트레스 반응은?
- 행동으로 드러난 스트레스 반응은?
- 몸에서 나타난 스트레스 반응은?

② 위에 적은 나의 스트레스에 대해서 누군가에게 말해 보세요. 털어놓는 것만으로도 스트레스가 가벼워진다는 걸 느끼게 될 거예요. 듣는 사람은 이야기를 끊지 말고 '아, 그랬구나.'라고 호응하며 들어 주세요.

③ 평소에 스트레스를 받아서 힘들다면 다른 사람에게 이야기하도록 하세요. 또 나도 누군가의 이야기를 잘 들어 주세요.

④ 평소에도 '도움을 청한다'는 스트레스 대처 방법을 실행하세요. 그리고 나를 도와주는 사람들을 늘려 가세요.

31 좋아하는 일이나 취미를 즐겨요

우리에게는 살면서 날마다 '해야만 하는 일'들이 너무나 많이 있습니다. 예를 들면 여러분에게는 학교 숙제, 시험 보기, 싫어하는 수업 듣기, 집안일 돕기 등이 있겠네요. 그런 일은 하기 싫다고 해서 계속 거부할 수도 없고, 훌륭한 어른으로 성장하기 위해서는 꼭 필요한 과정이기도 합니다. 하지만 날마다 '해야만 하는 일'이나 '열심히 하지 않으면 안 되는 일'만 한다면 몸과 마음은 지칠 수밖에 없습니다. 그리고 그 일들이 스트레스로 느껴져서 거부감은 더 커질지도 모릅니다.

이럴 때 좋아하는 일이나 취미 생활을 즐긴다면 어떨까요? 분명히 일들에서 받았던 스트레스로부터 나를 해방시켜 줄 것입니다. 말하자면 행동으로 하는 스트레스 대처 방법이 될 수 있습니다. **이때 중요한 것은 좋아하는 일이나 취미를 즐기면서 '좋다, 즐겁다, 기쁘다' 같은 기분을 느끼는 것입니다.** 이런 느낌들이 스트레스로부터 나를 해방시켜 주고, 새로운 에너지를 주어서 내가 해야 할 일을 긍정적으로 할 수 있게 만듭니다.

이제부터 내가 좋아하는 일이나 재미있어하는 것이 무엇인지 생각해 보고, 그것들을 적어 두세요(외재화). 그리고 그것을 나의 스트레스 대처 방법으로 활용해 보세요.

 **내가 좋아하는 일이나 취미는 무엇인가요?**

연습한 날				
/	/	/	/	/

① 내가 좋아하는 일이나 취미를 생각나는 대로 적어 보세요. 사소한 거라도 괜찮아요. 되도록 많이 적어 보세요.

② ①에서 적었던 '내가 좋아하는 일이나 취미'에 대해서 누군가와 이야기해 보세요. 그리고 그 사람의 좋아하는 일이나 취미에 대해서도 들어 보세요.

③ 평소에 위에 적은 것들을 나의 스트레스 대처 방법으로 활용해 보세요.

누군가와 같은 취미나 관심사를 갖는 것도 좋아요.

32 복식 호흡을 익혀요

인간은 태어났을 때부터 숨을 거둘 때까지 평생 호흡합니다. 또한, 인간은 며칠 동안 밥을 먹지 않아도 살 수 있지만, **호흡은 단 몇 분만 멈춰도 죽게 됩니다. 호흡은 그 정도로 인간에게 중요하죠.**

제대로 된 호흡법을 익히는 것은 스트레스 관리에도 도움이 됩니다. 실제로 명상이나 요가에서는 호흡법을 수행의 기초로 삼는다고 합니다. 특히 요즘 과학적으로도 연구 대상이 되는 호흡법이 '복식 호흡'입니다. 우리가 평소에 하는 호흡은 가슴으로 하는 '흉식 호흡'입니다. 그런데 '복식 호흡'은 배를 이용합니다. 숨을 배까지 최대한 깊게 들이마시고, 최대한 천천히 길게

내뱉습니다. 이 호흡법은 장수하는 동물에게서 아이디어를 얻었다고 합니다. 세상에서 가장 오래 사는 동물인 고래, 거북, 코끼리도 이렇게 느리고 깊게 호흡한다고 합니다.

복식 호흡은 혈액 순환에도 더없이 좋다고 합니다. 혈액 순환이 좋아지면 다른 모든 장기에도 영향을 미쳐서 건강하게 됩니다. 또 스트레스 해소에도 큰 도움이 됩니다. 마음을 가다듬고 호흡에 집중하면 심신의 안정을 찾을 수 있기 때문입니다. 여러분도 이 호흡법을 익혀서 스트레스 대처 방법으로 활용해 보세요.

 ## 복식 호흡으로 마음을 안정시켜요

연습한 날				
/	/	/	/	/

① 다리를 어깨 넓이만큼 벌리고 바른 자세로 섭니다. (익숙하면 앉아서도 할 수 있어요.)

② 먼저 입으로 '후우~' 하고 숨을 내쉽니다.

③ 코로 숨을 들이마시되, 배 속까지 최대한 깊게 들이마십니다.

④ 배가 불룩하게 부풀어 오른 것이 느껴지나요? 그 상태로 조금만 숨을 참아 보세요.

⑤ 이제 입으로 천천히 숨을 내쉽니다. 조금씩 숨을 내쉬면서 마음속으로 '1, 2, 3, 4…'라고 천천히 숫자를 셉니다.

⑥ 전부 내쉬었다면 다시 코로 숨을 들이마시고, 배가 부풀어 오른 것을 느낀 뒤에, 수를 세면서 조금씩 숨을 내쉽니다. 이것을 1분 동안 반복하세요.

처음부터 눈에 띄는 효과가 느껴지진 않겠지만, 매일 꾸준히 하다 보면 몸과 마음이 안정되는 것을 느낄 거예요.

33 음식을 즐겨요

우리는 매일 뭔가를 먹거나 마시며 생활합니다. 음식을 고루 섭취하는 것은 생명을 유지하고 건강을 위해서 꼭 필요한 일입니다. 그래서 싫어하는 음식도 건강을 위해서 먹기도 합니다. 그런 경우가 아니라면 음식은 우리에게 많은 기쁨을 줍니다. 단지 먹어서 갈증이나 배고픔을 달래는 경우가 아니라면, 음식은 오감(시각, 촉각, 후각, 미각, 청각), 즉 눈으로 보고, 손으로 만져 보고, 냄새를 맡고, 혀로 맛을 느끼고, 씹는 소리를 들으며 전체적인 맛이 전달됩니다. 이것이 먹는 즐거움입니다.

음식을 먹는 과정은 스트레스 관리에도 도움이 됩니다. **특히 내가 좋아하는 음식의 경우, 천천히 꼭꼭 씹어서 음미하는 동안 스트레스가 해소되고, 새로운 에너지를 얻게 됩니다.** 식사 중에 내가 좋아하는 음식이 나왔다면 그것을 평소보다 시간을 들여서 천천히 음미해 보세요. 또 음료수(물, 차, 주스, 우유 등)도 벌컥벌컥 들이켜지 말고 조금씩 음미하면서 마셔 보세요. 이렇게 좋아하는 음식을 음미하는 것도 스트레스에 대처하는 방법(「행동과 몸으로 하는 대처 방법」)이 될 수 있습니다.

 # 내가 좋아하는 음식을 음미해 보세요

연습한 날				
/	/	/	/	/

① '주먹밥'을 예로 들게요. 여러분은 내가 좋아하는 음식으로 바꿔 보세요.

② '오렌지 주스'를 예로 들게요. 여러분은 내가 좋아하는 음료수로 바꿔 보세요.

제7장 행동과 몸으로 하는 대처 방법을 늘려 가자

34 인형과 대화해요

'인형과 대화한다.'고 하면 '에이~, 인형은 어린애들이나 갖고 노는 거잖아. 난 별로야.' 혹은 '인형과 대화한다니, 유치해.'라고 생각하나요?
하지만 그건 선입견이에요. 저는 평소에 스트레스로 힘들어하는 어른들의 고민을 들어 주고, 그분들이 스트레스를 잘 극복할 수 있도록 도와주는 일을 하고 있어요. 그런데 인형과 대화를 나누거나 인형을 안고 있는 동안 놀랍게도 어른들도 마음의 안정을 찾게 된답니다. 그래서 이 방법이 의외로 인기가 많아요.
사람은 아무리 나이를 많이 먹어도 귀엽고 예쁜 인형을 보면 기분이 좋아지고, 그 인형에게 위로를 받을 수 있답니다. 어른은 뭐든지 잘하고 큰 존재처럼 보일 수도 있지만, 사실 어른도 혼자 감당하기 힘든 일이 많아서 상처받을 때도 많아요. 그리고 어른의 마음속에는 어릴 때의 동심이 남아 있어서 인형에게 위로를 받을 수 있답니다.
특히 오랫동안 내 곁을 지켜 준 인형은 소중한 친구가 될 수 있습니다. 인형은 나에게 결코 상처 주는 일이 없고, 묵묵히 내 말을 들어 주기 때문에 그 존재만으로도 힘이 됩니다. 그래서 인형과 대화하거나 인형을 꼭 껴안고 있는 것은 아주 좋은 스트레스 대처 방법이 될 수 있습니다.

 ## 인형도 내 친구가 될 수 있어요

연습한 날				
/	/	/	/	/

① 오랫동안 내 곁을 지켜 준 인형이 있는 사람은 앞으로도 그 인형을 친구 삼아서, 인형과 대화하는 것을 스트레스 대처 방법으로 사용해 보세요. 그리고 인형과 대화하는 걸 창피하게 느꼈던 사람도 앞으로는 '인형과 대화하는 걸 부끄러워할 필요는 없어. 어른들도 하는 거니까.'라고 생각해 주세요.

② 인형이 없는 사람은 용돈을 모아서 친구가 돼 줄 인형을 하나 장만해 보세요. 부모님께 부탁을 드려 보는 것도 괜찮아요. 이 책을 보여 드리면 거절하지는 않으실 거예요.

③ 인형을 별로 좋아하지 않는다면 좋아하는 만화 영화의 캐릭터를 친구로 삼아도 좋아요. 예를 들면 뽀로로, 꼬마버스 타요, 로보카 폴리, 파워레인저, 쿵푸 팬더, 콩순이, 포켓 몬스터 등이 있겠네요.

35 종이 찢기 놀이

안 좋은 일이 생기면(→스트레스 원인), 그것에 대한 반응으로 저절로 안 좋은 생각이 떠오르고, 그 생각이 계속 머릿속을 떠나지 않고 맴돌게 됩니다(→스트레스 반응). 누구나 한 번쯤은 이런 경험을 했을 거예요. 또 어떤 일 때문에(→스트레스 원인) 불안해져서 아무것도 할 수 없는 상태(→스트레스 반응)에 빠진 적은 없나요?

일단 그런 상태에 빠지게 되면 그 생각이나 감정에서 빠져나오고 싶어도 '생각을 멈추거나 전환한다.'는 것은 좀처럼 쉬운 일이 아닙니다.

그럴 때는 '종이 찢기 놀이' 같은 단순한 동작이 의외로 큰 도움이 됩니다. 이것은 휴지나 신문지 같은 못 쓰는 종이를 실컷 찢으면서 스트레스를 푸는 것입니다. 종이를 최대한 잘게 찢기 위해서는 양손에 균등하게 힘을 주고 신경을 집중해야 하니까, 자연스럽게 고민에서 벗어날 수 있습니다. 또 종이가 시원하게 찢어지는 소리를 들으면서 쾌감을 느낄 수도 있습니다. 그리고 찢어진 종이를 공중에 날리거나 산더미처럼 쌓는 동작도 스트레스 해소에 도움이 됩니다. 이런 과정을 통해서 방금 전까지 나를 괴롭히던 스트레스를 날려 버리게 됩니다.

 **종이를 마구마구 찢어 보세요**

연습한 날				
/	/	/	/	/

① 화장지나 신문지처럼 잘 찢어지는 종이를 한 장 준비하세요.

② 그 종이를 찢고 또 찢어서 최대한 작게 만들어 보세요. 아무리 작아도 한 번 더 찢을 수 있을 거예요. 더 이상은 못 찢을 것 같다는 생각이 들어도 '다시 해 보자.'라고 마음을 다잡고 또 찢어 보세요. 잘게 찢어진 종이들을 공중에 날릴 수도 있고, 산더미처럼 쌓을 수도 있어요.

③ 한 장으로 기분이 풀렸다면 그만둬도 좋아요. 하지만 '이걸로는 안 풀려! 더 해 보고 싶어!'라고 생각한다면 한 장 더 찢어 보세요. 아까보다 더 잘게 찢어 보세요.

④ 앞으로 화가 나거나 속상하거나 불안한 생각에 사로잡힌다면, 더 깊게 고민하지 말고 바로 그 자리에서 종이를 마구마구 잘게 찢어 보세요. 종이가 찢기는 소리를 들으면서 마음의 스트레스가 사라질 거예요.

36 그림 그리기·색칠하기·만들기

종이 찢기는 단순한 동작이지만 스트레스로 인한 생각과 감정에서 벗어날 수 있다는 점에서 매우 효과적인 스트레스 대처 방법입니다. **그림 그리기나 색칠하기, 만들기(공작)도 '손을 사용해서 꼼꼼한 작업을 한다'는 점에서 종이 찢기와 같은 효과가 있습니다.**

그런데 그림 그리기, 색칠하기, 만들기가 스트레스 대처 방법이 되기 위해서는 '잘 그려야지.' '멋있게 만들어야지.'라는 생각을 해서는 안 돼요. 만약에 학교에서 미술 시간에 그림 그리기나 색칠하기, 만들기를 했다면 잘 그리고 멋지게 만드는 게 중요했을지도 모릅니다. 하지만 스트레스를 해소하기 위해서 하는 미술 놀이에서는 잘하고 못하고는 전혀 중요하지 않습니다. 중요한 것은 '손을 사용해서 뭔가에 집중한다.'는 것입니다.

아무 생각 없이 흰 도화지에 낙서를 하는 꼬마를 상상해 보세요. 그리고 내가 그 아이가 되었다고 생각하고 내 마음이 시키는 대로 그려 보세요. 만들기 역시 내가 표현하고 싶은 것을 만드는 거예요. 재료도 찰흙, 종이, 헝겊, 철사, 모래…… 뭐든지 상관없어요. 즐겁게 그리고, 자르고, 붙이고, 쌓고 부수는 과정에 집중하면서 화나는 감정이나 불안감을 떨쳐 내고 스트레스에서 벗어날 수 있습니다. 또 완성된 작품을 보면서 자신감도 얻게 됩니다.

 **그림 그리기·색칠하기·만들기로 나를 표현해요**

연습한 날				
/	/	/	/	/

① 하얀 도화지 위에 내가 그리고 싶은 것을 그려 보세요. 오래 고민하지 말고 머릿속에 떠오르는 것을 그리는 거예요. 무엇을 그리면 좋을지 생각이 나지 않는다면 뱅글뱅글 소용돌이 무늬를 그려 보세요. 그리는 도구는 연필, 색연필, 크레파스, 물감…… 어떤 것도 상관없어요.

② 색칠 공부 책을 한 권 준비해서, 내가 좋아하는 그림을 고르고 색칠해 보세요. 색상도 내가 원하는 것으로 고르세요. 예를 들면 사람 얼굴을 파란색으로 칠해도 좋고, 태양을 보라색으로 칠해도 상관없어요.

③ 그리기보다 만들기를 좋아하는 사람은 주변에 있는 재료를 이용해서 내가 표현하고 싶은 것, 혹은 만들고 싶은 것을 적당히 만들어 보세요. 여기서 중요한 것은 '적당히'라는 거예요. 남들에게 보여 주려고 작품을 만드는 게 아니라, 내 생각을 표현한다는 게 중요해요. 남들이 '이게 뭐야?'라고 생각해도 신경 쓰지 말아요.

'잘 그려야지, 예쁘게 칠해야지, 멋지게 만들어야지.'라는 생각에서 벗어나 내 마음대로 표현해 보니까 즐겁지 않았나요? 지금 이 기분을 잘 기억해 두었다가, 앞으로도 스트레스를 받는 일이 있을 때 대처 방법으로 사용해 보세요.

37 여러 가지 냄새를 맡아 봐요

사람은 오감, 즉 다섯 가지 감각을 가지고 있습니다. 눈으로 보고(시각), 귀로 듣고(청각), 혀로 맛보고(미각), 피부로 촉감을 느끼며(촉각), 코로 냄새를 맡습니다(후각). 우리는 오감을 모두 스트레스를 해소하는 방법으로써 활용할 수 있습니다. 예를 들어 72쪽 「음식을 즐긴다」 편에서 살펴보았듯이 음식을 먹을 때도 오감이 모두 사용됩니다.

여기에서는 오감 중에서 후각을 이용한 스트레스 해소 방법에 대해 소개하겠습니다. **후각은 다른 감각에 비해서 더 본능적이고 동물적인 감각이라고 할 수 있습니다. 동물은 본능적으로 냄새를 맡아서 먹잇감이 안전한지 위험한지를 판단합니다.** 내가 동물 혹은 원시 시대의 인간이 되었다고 생각하고 여러 가지 물건의 냄새를 맡아 보세요. 그리고 내가 좋아하는 냄새를 충분히 느껴 보세요. 그럼 냄새를 맡는 것이 스트레스 대처 방법이 될 수 있다는 것을 경험하게 될 거예요.

 ## 나는 어떤 냄새를 좋아하나요?

연습한 날				
/	/	/	/	/

① 어디선가 내가 좋아하는 음식 냄새가 난다면 '아~, 맛있는 냄새가 난다.' 하고 그 냄새를 충분히 느껴 보세요.

② 내가 좋아하는 향기를 맡는 것은 마음을 안정시키는 데 도움이 됩니다. 들고 다닐 수 있는 아로마 오일을 추천해요. 아로마 오일은 향기가 나는 약용 식물에서 추출해 낸 기름인데, 실제로 그 향기를 맡거나 피부에 바르는 것을 통해서 심신을 안정시킬 수 있어요. 이것을 '아로마 테라피'라고 하는데 자연 요법으로 인기가 많습니다. 내가 좋아하는 아로마 오일을 들고 다니면서 스트레스를 받았을 때 향기를 맡아 보세요. 아로마 오일을 어디서 구입해야 하는지는 부모님이나 선생님께 여쭤 보세요.

③ 좋아하는 냄새나 아로마 오일 향기만 맡는 게 아니라 '악, 구린내 나!' '정말 지독해!'라며 얼굴을 찡그릴 만큼 고약한 냄새를 맡는 것도 스트레스 대처 방법이 될 수 있습니다. 예를 들어 내가 싫어하는 음식 냄새를 억지로 맡거나 화장실에서 볼일을 본 뒤에 다시 그 냄새를 맡아 보는 것도 후각을 이용한 스트레스 대처 방법입니다. 싫어하는 냄새가 났을 때, 과감하게 그 냄새를 들이마셔 보세요.

38 손으로 촉감을 느껴요

우리 몸이 느끼는 감각은 모두 스트레스 해소 방법으로 사용할 수 있습니다. 이번에는 촉각에 대해 살펴보기로 해요.

우리 인간의 먼 조상은 네 발로 기어 다녔습니다. 그러다가 오랜 세월이 흘러 두 발로 서서 다니는 직립 보행이 가능해지면서 비로소 양손을 자유롭게 사용할 수 있게 되었습니다. 그리고 점차 손의 움직임이 발달해 도구를 만들 수도 있게 됐습니다. 덕분에 사람은 다른 동물과 비교해서 손의 움직임이 매우 정교합니다.

아무리 작은 물건도 손으로 집을 수 있고, 젓가락으로 음식을 집어 올릴 수도 있고, 가위로 종이를 자를 수도 있으며, 다섯 손가락의 움직임을 달리해 피아노를 칠 수도 있습니다. 한마디로 손재주가 뛰어납니다. 그런데 **여기에서는 손재주 같은 것은 잊어버리고, 손으로 만질 때의 촉감에 집중해 보세요.** 그 대상이 물건이어도 좋고 사람이어도 좋아요. 그것들을 만질 때 내 손으로 전해지는 느낌이 어떻게 다른지 느껴 보세요.

만지고, 쓰다듬고, 어루만지면서 느껴 보세요

연습한 날				
/	/	/	/	/

① 주변에 있는 모든 것의 촉감을 느껴 보세요. 손끝으로 만지거나 손바닥으로 문질러 보세요. 또 왼손이나 오른손만 사용해서 만져 보다가, 양손을 다 사용해서 만져 보세요. 어떤가요? 촉감의 차이가 느껴지나요?

머리를 쓰다듬고, 어깨나 팔다리를 주무르고, 배를 문지르는 등 내 몸을 어루만지는 행동은 스트레스로부터 심신을 안정시키는 좋은 방법이에요.

② 이번에는 내 몸을 만져 보세요. 머리, 머리카락, 얼굴, 귀, 어깨, 팔다리, 팔꿈치, 발바닥, 다리……. 내 몸을 구석구석 쓰다듬거나 만지고 주무르면서 느껴 보세요. 그리고 손으로 전해지는 곳곳의 촉감을 느껴 보세요. 어때요? 내 몸이지만 곳곳의 느낌이 다르지 않나요?

③ 가까운 사람과 짝을 이뤄서 서로의 등을 어루만져 주세요. 어때요? 내가 쓰다듬은 사람의 등에서 온기가 느껴지나요? 손바닥으로 전해지는 그 사람의 따뜻함을 느껴 보세요. 상대편도 내 등을 쓰다듬으며 같은 감정을 갖게 될 거예요.

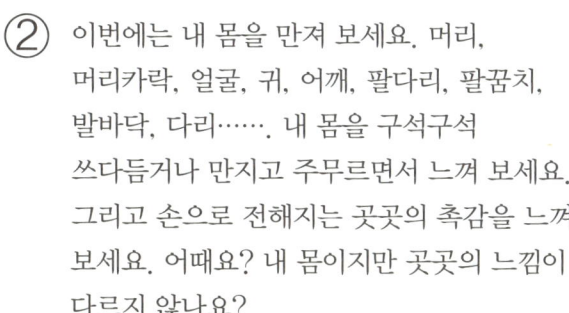

서로 등을 쓰다듬는 것도 훌륭한 스트레스 대처 방법입니다. 등을 어루만져 주는 것만으로도 격려와 사랑, 그리고 용기를 북돋아 줄 수 있어요.

39 담요를 뒤집어써요

우리의 몸과 마음은 '나를 위협하는 어떤 것(스트레스 원인)'과 맞닥뜨리게 되면 강한 스트레스 반응을 일으키도록 되어 있습니다. 마치 사바나에서 얼룩말이 사자를 만났을 때 살아남기 위해서 죽을힘을 다해 도망가는 것과 같다고 할 수 있습니다. 안전을 위협받는다는 것은 그만큼 강렬한 스트레스 원인입니다.

그럴 때 '그곳에 가면 안심할 수 있어. 나를 지켜줄 거야.'라고 생각되는 곳이 있다면 어떨까요? 틀림없이 몸도 마음도 지극히 편안한 상태가 되어서 '이제 난 안전해!'라고 생각하게 될 것입니다. 그런 곳이 어디일까요? 그건 바로 엄마의 배 속입니다. 기억하지 못하겠지만 여러분이 엄마의 배 속에 있을 때, 그런 안도감을 느꼈을 거예요. 아기들이 수영을 배우지 않아도 본능적으로 잘할 수 있는 것도 양수로 채워진 엄마의 배 속 생활을 몸으로 기억하기 때문입니다. 스트레스를 받았을 때 엄마의 배 속으로 다시 들어갈 수는 없지만, 비슷한 느낌을 받는 방법이 있습니다. 바로 담요를 뒤집어쓰는 거예요. 평소에 내가 좋아하거나 엄마 냄새가 배어 있는 담요를 뒤집어써 보세요. 그럼 엄마의 배 속에 있는 것과 비슷한 편안함을 느끼게 될 거예요.

 ## 엄마 배 속의 편안함을 느껴 보세요

연습한 날				
/	/	/	/	/

① 내가 좋아하는 담요를 뒤집어써 보세요. 될 수 있으면 머리까지 폭 뒤집어쓴 다음, 몸을 동그랗게 움츠려 보세요.

② 눈을 감고 내가 엄마 배 속에 있다고 상상해 보세요. 엄마 배 속에서 태아 상태로 있는 나를 상상하는 거예요. 나는 따뜻한 엄마 배 속에서 아무 걱정 없이 편안하게 쉬고 있어요. 그리고 마음속으로 생각해요. '아, 여기에 있으면 걱정하지 않아도 돼. 가장 안전하니까. 엄마가 날 지켜 줄 거야.'라고요.

③ 충분히 안도감을 느꼈다면 밖으로 나와서 담요를 개 주세요.

지금 느꼈던 감정을 잘 기억해 두었다가 평소에 스트레스 대처 방법으로 사용해 보세요. 마음이 불안해지거나 슬프고 속상할 때 담요를 뒤집어쓰고 엄마의 배 속에 있는 것 같은 편안함을 느껴 보세요.

40 음악으로 치유해요

아침부터 밤까지 우리 귀에는 여러 가지 소리가 들려옵니다. 그중에서 물소리, 새소리, 바람 소리 같은 자연의 소리들은 상쾌한 기분을 선사하며, 마음을 안정시켜서 스트레스 해소에도 도움을 줍니다. 그런데 안타깝게도 도심에서는 자연의 소리를 들을 기회가 그다지 많지 않습니다. 이럴 때 우리의 마음을 적셔 주는 것이 음악입니다. 음악은 우리의 몸과 마음을 치유하는 힘이 있습니다. 우울하거나 불안할 때 내가 좋아하는 음악을 들어 보세요. 느긋한 마음으로, 혹은 반복해서 들으며 음악에 취해 보세요. **그때, 들려오는 멜로디와 가사를 그대로 음미해 보아요. 맛있는 음식이 입에 들어오면 혀가 즐거워하듯, 감미로운 음악을 들으면 귀가 신이 납니다. 귀가 행복해하는 느낌을 충분히 느껴 보세요.**

좋아하는 노래를 부르는 것도 스트레스 대처 방법이 될 수 있습니다. 큰 목소리로 불러도 좋고 그냥 흥얼거려도 좋아요. 또 노래를 휘파람으로 불어 보는 것도 좋아요.

그런데 스트레스를 해소하기 위해서 음악을 듣거나 노래를 부를 때 중요한 것은 '음악을 감상하려고 노력하거나, 노래를 잘 부르려고 노력하지 말라.'는 것입니다. 그저 음악에 몸과 마음을 맡기고, 노래에 취해서 내 마음껏 불러 보세요!

 ## 좋아하는 음악을 듣거나 노래를 불러 보세요

연습한 날				
/	/	/	/	/

① 좋아하는 음악을 준비해서 눈을 감고 들어 보세요. 흐르는 음악에 나를 맡기면 우울하거나 불안한 감정에서 벗어나 차츰 편안한 기분을 느끼게 될 거예요. 그리고 오로지 음악에만 집중하게 돼서 '아, 이 음악 정말 좋다!'라고 느끼게 될 거예요. 몇 번이고 반복해서 들어도 좋아요.

② 좋아하는 노래를 불러 보세요. 큰 소리로 불러도 좋고, 작은 소리로 흥얼거리거나 콧노래로 불러도 좋아요. 이때 '잘 불러야지.'라는 생각은 하지 마세요. 노래자랑을 하거나 음악 시험을 보는 게 아니니까요. 오히려 '못 불러도 상관없어!'라는 생각으로 내 마음껏 부르세요.

③ 여러 번 들은 음악이나 노래는 기억 속에 오래 남게 마련입니다. 힘이 들 때, 슬플 때, 잠들지 못할 때, 우울할 때, 불안할 때…… 머릿속에서 내가 좋아하는 음악이나 노래를 꺼내 들어 보세요. 나를 위로해 줄 거예요.

41 슬플 때 울고 기쁠 때 웃어요

스트레스를 잘 관리하기 위해서는 자기 기분과 감정을 그 자리에서 파악하는 것이 중요합니다. 또한 **내 안의 감정을 쌓아 두지 말고 그때그때 밖으로 표출해야 합니다.** 슬플 때 울고, 행복할 때 웃는 것은 건강한 생활을 하고 있다는 증거입니다.

좋은 감정도 힘든 감정도 느낀 그대로 표현하는 것, 즉 생각한 대로, 느끼는 대로 울고 웃는 거죠. 특히 '우는 것'은 중요한 감정 표현입니다. 만약에 '울면 안 돼. 우는 것은 나약하기 때문이야.'라고 생각한다면 그건 정말 잘못된 생각이에요. 눈물은 우리 마음을 치유하는 힘이 있습니다. 실제로 눈물을 흘리면 스트레스 호르몬을 없앨 수 있다고 합니다. 속상할 때 울음을 참으면 마음만 답답하지만, 울고 나면 오히려 속이 후련해지는 것도 이 때문입니다. 또 감동을 받아서 눈물을 흘리면 엔도르핀보다 수천 배나 강한 '행복 호르몬'이 나온다고 합니다. 그러니 울고 싶을 때 우는 걸 망설이지 마세요. 사람들 앞에서 우는 게 창피해서 싫다면, 혼자만의 공간에서 울어 보세요.

 **눈물과 웃음으로 마음이 치유되는 걸 느껴요**

연습한 날				
/	/	/	/	/

① **【울다】**
기억을 더듬어 내가 슬펐을 때, 괴로웠을 때, 속상했을 때, 외로웠을 때를 생각해 보세요. 그때 내 마음이 어땠는지 다시 느껴 보세요. 그러는 동안 나도 모르게 울컥 눈물이 쏟아질지도 몰라요. 그럼 참지 말고 우세요. 소리 내서 엉엉 울어도 좋아요.

② **【웃다】**
이번에는 내가 정말 즐거웠을 때, 신났을 때, 웃겼을 때, 재미있었을 때를 생각해 보세요. 그때 내 기분이 어땠는지 다시 느껴 보세요. 그때 생각만으로도 웃음이 터져 나올지도 몰라요. 그럼 참지 말고 크게 소리 내서 웃어 보세요.

③ **【감정을 표현하자】**
불쑥 어떤 감정이 밀려온다면, 억누르지 말고 자연스럽게 받아들이세요. 그리고 그 감정을 그대로 표현해 보세요.

예 「아, 지금 난 너무 슬퍼!」
「후~, 나는 지금 굉장히 화가 났어!」

④ **【울고 싶을 때 울자】**
누구나 울고 싶을 때가 있고 그것은 자연스러운 감정입니다. 내 감정을 숨기기 위해 눈물을 참거나 부끄러워할 필요는 없어요. 눈물은 마음을 정화하는 힘이 있어서 울고 나면 오히려 후련해집니다. 또 감동을 받아서 흘리는 눈물은 우리의 몸과 마음을 건강하게 해 줍니다. 그러니 울고 싶을 때는 실컷 우세요.

42 나의 대처 방법을 다른 사람과 이야기해요

지금까지 스트레스에 대처하는 여러 가지 방법에 대해 알아보았습니다. 6장에서는 「생각과 상상으로 하는 대처 방법」을, 7장에서는 「행동과 몸으로 하는 대처 방법」을 살펴보고 각각 다양한 연습 문제를 통해서 그것을 경험해 보도록 했습니다.

이렇게 여러 가지 스트레스 대처 방법을 배우고 연습해 보니까 어땠나요? 이 책에서 소개한 모든 스트레스 대처 방법이 다 나와 잘 맞을 수는 없습니다. 각자 자기가 처한 상황도 다르고 성향도 다를 테니까, 그것은 당연한 것입니다. 그래서 어떤 것은 '내 마음에 들어서 꼭 실천해 보고 싶다.'는 생각이 들었을 테고, 또 어떤 것은 '나와 별로 맞지 않는다.'라고 생각했을 수도 있어요.

제가 부탁드리고 싶은 것은 되도록 많은 수의 대처 방법을 익혀서 생활 속에서 실천해 주셨으면 합니다. **내가 사용 가능한 대처 방법이 많으면 많을수록 스트레스를 관리하는 능력은 향상되기 때문입니다. 바꿔 말하면 '나를 지키는 능력이 커진다.'고 할 수 있습니다.**

그리고 기회가 있으면 나의 스트레스 대처 방법에 관해서 다른 사람과 이야기해 보도록 하세요. 그러면 나의 대처 방법을 점검할 수도 있고, 대처 방법을 늘리려는 의욕도 높아지기 때문입니다.

 **나에게 맞는 대처 방법은 무엇일까?**

연습한 날				
/	/	/	/	/

① 이 책에서 배운 스트레스 대처 방법 중 마음에 드는 것을 5가지 이상 적어 보세요.

❶
❷
❸
❹
❺
❻
❼
❽
❾
❿

② ①에서 적은 대처 방법에 관해서 다른 사람에게 이야기해 보세요. 어떤 점이 마음에 들었는지, 앞으로 어떻게 활용하고 싶은지 구체적으로 이야기해 보세요.

마음에 든 이유는?	어떻게 활용할까?

③ 41쪽에서 상상했던 '나를 도와주는 또 다른 나'가 언제 어디서나 ①에서 적은 대처 방법으로 나를 도와준다고 생각해 보세요. 든든하지 않나요?

제8장 대처 방법에 대해 다른 사람과 이야기해 보자

43 다른 사람의 대처 방법을 들어요

나의 대처 방법을 다른 사람에게 이야기하면서 내 고민이나 스트레스가 무엇인지 한 번 더 생각하는 계기가 됐을 거예요. 이런 과정을 통해서 나에게 잘 맞는 스트레스 대처 방법을 찾아가는 거예요.

이번에는 반대로 다른 사람의 스트레스 대처 방법에 대해서 들어 보기로 해요. 이것도 매우 의미 있는 경험이에요. 사람은 누구나 나름대로 힘든 일이 다르고, 스트레스를 받는 요인도 다양합니다. 그래서 그것을 해결하거나 극복하는 방법도 천차만별로 다를 수밖에 없습니다. 어쩌면 이 책에서 설명한 대처 방법들은 그중의 일부일지도 모릅니다. **다른 사람이 살아가는 모습을 실제로 보거나 이야기를 듣는 것은 책에서 얻지 못하는 귀중한 경험이 됩니다. 다른 사람의 이야기를 들으면서 내가 몰랐던 대처 방법을 알게 됩니다.**
'아, 그렇구나! 그런 방법도 있었네! 나도 한번 해 볼까?'라고 생각하게 돼서 **나의 대처 방법을 늘려 가거나 개선시키는 데 큰 도움이 되기 때문입니다.**
이렇게 쓰고 보니 조금 어려운 느낌도 들지만, 실제로 해 보면 전혀 그렇지 않습니다. 다른 사람의 대처 방법을 듣는 것이 의외로 재미있다고 생각하게 될 거예요. 여러분도 경험해 보세요.

 다른 사람의 대처 방법을 듣는 연습을 해요

연습한 날				
/	/	/	/	/

① 친구나 가족에게 '안 좋은 일이 있을 때 어떻게 잊어버려?'와 같이 대처 방법에 대해서 질문하고 이야기를 들어 보세요. 흥미로운 대처 방법이라면 '좀 더 자세히 알려 줘.'라고 부탁하세요.

② 평소에도 기회가 되면 여러 사람에게 자신만의 대처 방법에 관해서 물어 보세요.

③ 다른 사람의 대처 방법을 듣고 '나도 그렇게 해 보고 싶어.'라는 생각이 들었다면 잊지 않도록 메모해 두었다가 나중에 활용해 보세요. 그렇게 해서 나의 대처 방법을 늘려 가는 거예요.

대처 방법들

· 스트레스 원인을 종이에 적는다.	· 좋아하는 만화 영화를 본다.
· 스트레스 반응을 발견하고 엄마에게 말한다.	· 좋아하는 노래를 듣는다.
· 상담 선생님을 찾아간다.	· 좋아하는 노래를 큰 소리로 부른다.
· 형이랑 함께 간식을 먹는다.	· 광고 전단지를 잘게 찢는다.
· 머릿속으로 내 머리를 쓰다듬는 상상을 한다.	· 집에 가는 길에 친구랑 잡담을 한다.
· 외로울 때는 피카츄 인형을 껴안는다.	· 친구랑 게임을 한다.
· '항상 열심히 하는구나! 대단해!'라며 나를 칭찬한다.	· 친구랑 게임을 교환한다.
· '싫어하는 피망을 먹다니, 멋져!'라며 나를 칭찬한다.	· 엄마 냄새를 맡는다.
· 심호흡을 한다.	· 엄마가 만든 카레를 먹는다.
· 양손을 흔들흔들 움직인다.	· 엄마가 만든 치킨을 먹는다.
· 여름 방학 때 사촌들과 뭘 하고 놀지를 생각한다.	· 치킨 냄새를 맡는다.
· 크리스마스 때 갖고 싶은 선물을 상상한다.	· 음식점에서 치킨을 먹는다.
· 지금까지 받은 크리스마스 선물 중 가장 기억에 남았던 것을 떠올린다.	· 치킨 뼈를 빨아 먹는다.
· 축구공으로 드리블 연습을 한다.	· 엄마 등을 꼭 껴안는다.
· 선수들의 축구 연습을 견학한다.	· 아빠랑 목욕을 하러 간다.
· 아빠에게 축구장에 데려가 달라고 조른다.	· 아빠랑 목욕하면서 장난을 친다.
· TV로 축구 시합을 본다.	· 화장지 상자로 만들기 놀이를 한다.
· 도서관에서 축구 잡지를 본다.	· 슬픈 영화를 보고 운다.
· 내가 좋아하는 아이스 코코아를 만든다.	· 개그 프로를 보고 깔깔 웃는다.
· 아이스 코코아를 맛있게 마신다.	· 만화 주인공 흉내를 낸다.

44 스트레스 관리를 마무리하며

드디어 대장정의 끝자락입니다! 이 책의 목적은 여러분이 스트레스에 대해서 이해하고, 스트레스를 잘 관리하기 위해서 어떻게 해야 하는지 조목조목 알려주는 것이었습니다. **수많은 외래어 중에서 스트레스만큼 많이 쓰이는 단어도 드물 것입니다.** 하지만 정작 스트레스라고 하면 막연히 '나쁘다'라는 이미지만 그려질 뿐, 정확하게 이해하지 못하는 경우가 많습니다. 스트레스라는 개념이 세상에 알려진 것은 백 년도 채 되지 않습니다. 학문적으로는 '개인에게 의미 있는 것으로 인식되는 외적, 내적 자극'이라고 정의합니다. 스트레스를 쉬운 말로 표현하면 여러 곳에서 건네받은 '짐'이며, 스트레스 반응은 '짐을 건네받은 나의 반응'이라고 할 수 있습니다. 스트레스는 평생 우리와 함께하는 동반자 같은 존재입니다. 그래서 스트레스를 빨리 발견하고, 잘 관리하는 것이 무엇보다 중요합니다. 스트레스로부터 나를 지키는 방법을 「대처 방법(coping)」이라고 했지요? 스트레스를 깨닫고, 기록하고, 다른 사람에게 이야기하는 것도 대처 방법이라고 설명했습니다. 또 혼자서 스트레스를 다 감당하려고 하지 말고, 주변 사람에게 도움을 청하는 것도 훌륭한 대처 방법이라고 했습니다. 끝으로 「생각과 상상으로 하는 대처 방법」과 「행동과 몸으로 하는 대처 방법」을 많이 익혀서 나의 대처 방법을 늘리는 것이 중요하다고 강조했습니다. 이것으로 우리들은 스트레스 관리에 관해서 중요한 것을 모두 배웠습니다.

 **지금까지 배운 것을 떠올려 보세요**

① 제1장을 복습하기로 해요. 스트레스란 뭐라고 설명할 수 있을까요?

② 제2장을 복습하기로 해요. '스트레스 원인'은 어떤 것들이 있을까요?

③ 제3장을 복습하기로 해요. '스트레스 반응'은 구체적으로 어떤 형태로 나타날까요?

④ 제4장을 복습하기로 해요. 스트레스를 받았을 때 나를 도와줄 사람이나 물건이 있나요?

⑤ 제5장을 복습하기로 해요. '스트레스 대처'란 무엇인가요?

⑥ 제6장을 복습하기로 해요. '생각과 상상으로 하는 대처 방법'은 어떤 것들이 있나요?

⑦ 제7장을 복습하기로 해요. '행동과 몸으로 하는 대처 방법'은 어떤 것들이 있나요?

45 지금부터 스트레스를 잘 관리하기로 약속해요

이제 정말 마지막 수업이네요. 여기까지 잘 읽고 따라와 주셔서 감사합니다. 하지만 진짜 시작은 이제부터입니다. 앞에서 누누이 말했듯이 **스트레스는 우리가 살아가는 동안 평생을 함께하며 언제 어디서든지 다른 모습, 다른 크기로 다가올 것입니다.** 그때 내 마음이 전하는 소리에 귀를 기울여야 내가 왜 아픈지, 어떻게 아픈지 잘 알고 어루만져 줄 수 있습니다. 내 마음이 전하는 소리에 가장 먼저 귀 기울여야 할 사람은 바로 나예요. 이것이 스트레스 관리의 첫 걸음입니다.

어쩌면 스트레스는 우리가 다양한 환경에 더 잘 적응하고 변화하기 위한 기능을 한다고도 할 수 있습니다. 그래서 스트레스는 마치 친구를 사귀듯 가까이에서 잘 지켜보며 관리해 나가야 합니다. 처음에는 스트레스를 관리한다는 게 숙제처럼 귀찮거나 부담스럽게 느껴질 수도 있을 거예요. 하지만 하루하루 해 나가다 보면 익숙해지고, 나만의 요령도 생기게 됩니다. 이렇게 스트레스 관리에 대한 인식을 확실히 하고 잘 관리해 나간다면, 여러분은 몸도 마음도 건강하게 성장할 것입니다. 그리고 이것은 그 무엇과도 바꿀 수 없는 보물이 되어 줄 것입니다. 여러분의 씩씩하고 건강한 삶을 응원할게요!

 「나를 지키는 선언서」를 만들어요

나를 지키는 선언서

나 _____는 지금부터 이 책에서 배운 지식을 토대로 여러 가지 대처 방법을 활용해서 스스로를 영원히 지켜 나갈 것을 맹세합니다!

년   월   일

서명 _____

마치는 글

이 책을 끝까지 읽어 주신 여러분께 깊이 감사드립니다. 이 책은 단순히 읽는 데 그치는 게 아니라, 실생활에 직접 적용할 수 있는 내용을 담고 있습니다. 실제로 경험해 보니 어땠나요? 연습 문제 중에는 이해하기 쉽고 재미있는 것도 있지만, 좀 어렵게 느껴진 것도 분명히 있었을 거예요. 하지만 그런 것은 전혀 문제가 되지 않습니다. 여러분이 자신의 스트레스, 즉 스트레스 원인과 스트레스 반응을 깨달을 수만 있다면, 그 뒤에는 나에게 맞는 대처 방법을 사용하면 되니까요. 그러니 아무래도 나와 맞지 않다고 생각되면 그 연습 문제는 그냥 넘어가도 좋아요.

단, 대처 방법은 많을수록 좋다는 것은 거듭 강조하고 싶습니다. 그래야 수많은 스트레스에 대해 그때그때 대응할 수 있는 선택의 폭이 넓어지니까요. 내가 좋아하는 대처 방법이 많아지면 '지금 난 이런 스트레스를 받고 있으니까, 이런 방법을 사용해야겠구나!'라고 자각하면서 실천할 수 있게 됩니다. 그리고 그런 과정이 쌓여서 스트레스 관리 능력도 높아지게 됩니다.

혹시 '어? 이 책은 아이들을 위한 책이 아닌가?'라고 생각한 분이 계신가요? 저는 앞에서 어른들이 이 책의 해설과 연습 문제를 먼저 보고 이해할 필요가 있다고 말씀드렸습니다. 함께 보는 어른이 책의 내용을 정확히 이해한다면, 아이들에게 좀 더 설득력 있게 설명해 줄 수 있기 때문입니다.

앞서 이야기한 대로 이 책의 내용은 '인지 행동 요법'이라고 하는 심리학적 접근에 기초를 두고 있습니다. 인지 행동 요법을 익혀 두면 스스로를 잘 지킬 수 있고, 스트레스도 잘 관리할 수 있게 됩니다. 스스로를 잘 지키고, 스트레스 관리를 잘하는 사람은 몸과 마음이 건강해져서 하루하루가 즐겁고 행복합니다. 그리고 우울증 같은 정신 건강 문제를 예방할 수도 있습니다. 이 책을 함께 보는 부모님은 평소 자신이 경험한 스트레스 대처 방법을 토대로 아이들이 이 책을 잘 이해하고, 실천할 수 있도록 도와주시기 바랍니다.

이 책의 45가지 연습 문제에서 소개한 인지 행동 요법은 무엇보다 계속 사용하는 것이 중요합니다. 운전면허를 따고도 오랫동안 운전을 하지 않으면 장롱면허가 되고, 피아노를 배웠어도 제대로 연습하지 않으면 실력이 전혀 늘지 않는 것처럼, 이 책의 연습 문제도 실생활에 적용하지 않으면 아무런 의미가 없습니다. 반드시 생활하면서 실천할 수 있도록 부모님이 격려해 주세요. 아이가 지속적으로 실천한다면 꼭 칭찬해 주세요. 칭찬을 받은 아이는 기분이 좋아져서 앞으로도 더 열심히 하려고 할 거예요. 만약 그 아이가 어른이 되었을 때, 자신의 아이와 함께 이 책을 읽고 실천해 준다면 글쓴이로서 더할 나위 없이 기쁘겠습니다.

앞으로도 여러분과 아이들 모두 건강한 나날을 보내기를 진심으로 기원합니다.

2016년 9월

이토 에미 (센조쿠 스트레스 코핑 서포트 오피스 소장)

◎각 장의 과제와 목적

항목	과제	목적
제1장	**스트레스가 뭐지?**	
1	스트레스에 대해 이해한다	스트레스가 건네받은 짐이라는 걸 이해한다
2	스트레스를 잘 관리하자	스트레스는 감당할 수 있을 만큼만 짊어져야 한다는 것을 안다
제2장	**스트레스의 원인을 알아내자**	
3	스트레스 원인에 대해 이해한다	스트레스 원인이 갑자기 맞게 되는 다양한 자극이라는 걸 이해한다
4	스트레스 원인을 바로 깨닫는다	스트레스 원인을 바로 발견하는 것이 중요하다는 걸 안다
5	스트레스 원인을 적고 다른 사람과 이야기한다	스트레스 원인을 기록하고 이야기하는 것만으로도 도움이 된다는 것을 안다
제3장	**스트레스 반응을 살펴보자**	
6	스트레스 반응에 대해 이해한다	스트레스 반응이라는 개념을 이해한다
7	머릿속에 떠오르는 스트레스 반응	생각과 상상으로 나타나는 스트레스 반응에 대해 이해한다
8	감정으로 표현되는 스트레스 반응	감정으로 나타나는 스트레스 반응에 대해 이해한다
9	우리 몸의 스트레스 반응	신체에서 나타나는 스트레스 반응에 대해 이해한다
10	스트레스를 받았을 때 하는 행동들	행동에서 드러나는 스트레스 반응에 대해 이해한다
11	스트레스 반응 깨닫기	스트레스 반응을 바로 깨닫는 것이 중요하다는 걸 안다
12	나를 판단하지 않고 지켜보기	마음 챙김에 대해 이해하고 연습한다
13	스트레스 반응을 적고 다른 사람과 이야기한다	스트레스 반응을 기록하고 얘기하는 것만으로도 도움이 된다는 것을 안다
제4장	**도와주는 사람과 물건을 늘리자**	
14	도움의 필요성을 인정한다	다른 사람에게 도움을 청하는 연습을 한다
15	나를 도와주는 사람을 떠올린다	내 곁에서 힘이 돼 주는 사람들을 떠올려 본다
16	도와주는 사람과 물건을 상상한다	도와주는 존재를 상상하는 것만으로도 힘이 된다는 것을 안다
제5장	**스트레스 대처란**	
17	스트레스 대처를 이해한다	코핑(coping)의 개념을 이해한다
18	스트레스 대처 방법을 되짚어 본다	앞서 설명한 것이 모두 대처 방법이라는 것을 안다
19	나의 스트레스 해결 방법을 생각한다	나에게 맞는 대처 방법을 찾는 것이 중요하다는 걸 안다
제6장	**생각과 상상으로 하는 대처 방법을 늘려 가자**	
20	생각과 상상으로 대처하기	생각이나 상상만으로도 스트레스에 대처할 수 있다는 것을 안다
21	머릿속으로 나를 위로한다	스스로를 위로하는 방법을 익힌다
22	머릿속으로 나를 격려한다	스스로를 격려하는 방법을 익힌다

23	머릿속으로 나를 칭찬한다	스스로를 칭찬하는 방법을 익힌다
24	행복했던 추억을 떠올린다	행복한 기억을 떠올리면 스트레스에서 벗어난다는 걸 안다
25	미래의 나를 그려 본다	가까운 미래와 먼 미래의 내 모습을 그려 본다
26	좋아하는 사람이나 풍경을 상상한다	좋아하는 사람이나 풍경을 상상하는 것을 대처 방법으로 사용한다
제7장	**행동과 몸으로 하는 대처 방법을 늘려 가자**	
27	행동과 몸으로 하는 대처 방법을 이해한다	행동과 몸을 사용하는 대처 방법을 연습한다
28	스트레스의 원인과 반응을 기록한다	스트레스 원인과 반응을 기록해서 외재화하는 연습을 한다
29	아이디어를 쏟아 낸다	브레인스토밍을 이해하고 문제 해결 과정을 연습한다
30	도와 달라고 말한다	다른 사람에게 도움을 청하는 것을 대처 방법으로 사용한다
31	좋아하는 일이나 취미를 즐긴다	좋아하는 일이나 취미를 대처 방법으로 사용한다
32	복식 호흡을 익힌다	복식 호흡을 이용해서 마음을 안정시킨다
33	좋아하는 음식을 즐긴다	좋아하는 음식을 즐기는 것을 대처 방법으로 사용한다
34	인형과 대화하기	인형과 친구처럼 대화하는 방법을 경험한다
35	종이 찢기 놀이	종이를 잘게 찢는 과정을 통해 스트레스를 해소한다
36	그림 그리기·색칠하기·만들기	손으로 하는 미술 작업을 대처 방법으로 사용한다
37	여러 가지 냄새를 맡아 본다	후각을 스트레스 대처 방법으로 사용한다
38	촉감을 느낀다	쓰다듬고 어루만지는 촉감을 대처 방법으로 사용한다
39	담요를 뒤집어쓴다	담요로 엄마 배 속에 있는 것 같은 편안함을 느낀다
40	음악으로 치유한다	음악 듣기나 노래 부르기를 대처 방법으로 사용한다
41	눈물과 웃음으로 감정을 표출한다	눈물과 웃음으로 마음이 치유되는 걸 경험한다
제8장	**대처 방법에 대해 다른 사람과 이야기해 보자**	
42	나의 대처 방법을 다른 사람과 이야기한다	나의 대처 방법을 다른 사람에게 이야기하는 것을 연습한다
43	다른 사람의 대처 방법을 듣는다	다른 사람의 대처 방법을 듣는 것을 연습한다
제9장	**스트레스를 잘 관리하자**	
44	스트레스 관리를 복습한다	지금까지 배운 내용을 정리해 본다
45	스트레스를 잘 관리하기로 자신과 약속한다	스트레스 관리에 대한 의욕을 높인다

◎ 부록

스트레스의 외재화

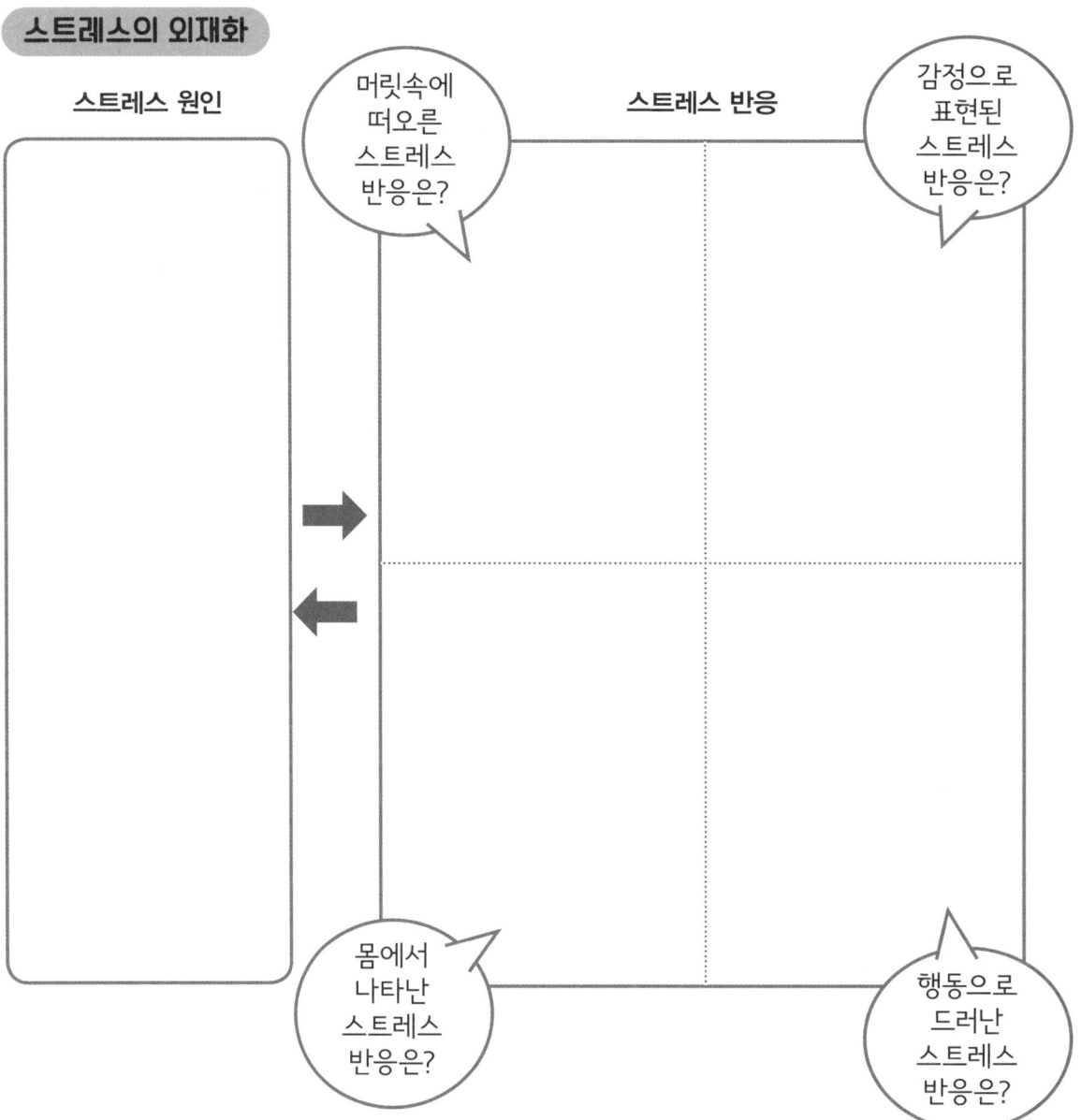

문제 해결

★무엇이 문제인가?

★이 문제를 해결하기 위해 무엇을 할 수 있을까? (브레인스토밍)

★도움이 될 만한 아이디어를 내 보자.

★해결책은?

★해결책을 실행하자!

저자　이토 에미

현재 임상 심리사, 정신 보건 복지사로 활동 중이며 센조쿠 스트레스 코핑 서포트 오피스 소장,
치바 대학 아동심리발달교육 연구 센터 특임 준교수를 맡고 있습니다.
게이오기주쿠 대학 문학부 인간관계학과 심리학을 전공하였고,
동 대학·대학원 사회학연구과 박사 과정을 수료하였습니다.
전공은 임상 심리학, 스트레스 심리학, 인지 행동 요법, 스키마 요법 등입니다.
주요 저서 : 『인지 요법·인지 행동 요법 카운셀링 초급 워크숍』(2005년), 『사례로 배우는 인지 행동 요법』(2008년),
『케어하는 사람도 편해지는 인지 행동 요법 입문』(2011년) 등 다수.

역자　김효준

한국에서 고등학교를 졸업한 후 일본으로 유학을 떠났고 그곳에서 회사 생활을 시작했습니다. 귀국 후 현재 일본어 강사로 학생들을 가르치고 있으며 일본어 번역 및 통역 프리랜서로 활동 중입니다.

ILLUSTBAN KODOMO NO STRESS MANAGEMENT JIBUN DE JIBUN WO JOZUNI TASUKERU
45 NO RENSHU by Emi Ito
Copyright ⓒ Emi Ito, 2016
All rights reserved.
Original Japanese edition published by GODO-SHUPPAN Co., Ltd.
Korean translation copyright ⓒ 2018 by LUDENS MEDIA Publishing Co., Ltd.
This Korean edition published by arrangement with GODO-SHUPPAN Co., Ltd., Tokyo,
through HonnoKizuna, Inc., Tokyo, and Shinwon Agency Co.

이 책의 한국어판 저작권은 Shinwon Agency 를 통해
GODO-SHUPPAN Co., Ltd. 와 독점 계약한 루덴스미디어㈜에 있습니다.
저작권법에 의하여 한국 내에서 보호를 받는 저작물이므로 무단 전재 및 복제를 금합니다.

루덴스미디어

똑똑하게 레벨 업 시리즈 ❷
스트레스 날리기

저자 이토 에미
역자 김효준
찍은날 2018년 11월 9일 초판 1쇄
펴낸날 2024년 2월 20일 초판 4쇄
펴낸이 홍재철
편집 이혜원
디자인 박성영
마케팅 황기철·안소영
펴낸곳 루덴스미디어(주)
주소 경기도 고양시 일산동구 무궁화로 43-55, 604호(장항동, 성우사카르타워)
전화 031)912-4292 | **팩스** 031)912-4294
등록 번호 제 396-3210000251002008000001호
등록 일자 2008년 1월 2일

ISBN 979-11-88406-35-7 74180
ISBN 979-11-88406-33-3(세트)

결함이 있는 책은 구입하신 곳에서 바꾸어 드립니다.
값은 뒤표지에 있습니다.

이 도서의 국립중앙도서관 출판시도서목록(CIP)은 e-CIP홈페이지
(http://www.nl.go.kr/ecip)에서 이용하실 수 있습니다. (CIP제어번호 : CIP2018037209)